Jutta Grimm

# BROTAUFSTRICHE SELBSTGEMACHT

### Süßes und Pikantes

### aus der Vollwertküche

Hanjörg Bahmann und der Versuchsküche der
Firma Weiling in Coesfeld herzlichen Dank
für die freundliche Unterstützung!

ISBN: 3-923176-65-1
Copyright 1989: pala-verlag, 64283 Darmstadt
4. Auflage 1995 13.-16. Tausend
Alle Rechte vorbehalten
Illustrationen: Margret Schneevoigt
Umschlaggestaltung: Atelier Heine
Druck: Fuldaer Verlagsanstalt

Dieses Buch (Innenteil und Umschlag) ist auf
Recyclingpapier aus 100 % Altpapieranteilen gedruckt.

# Inhalt

# Der Mensch lebt nicht vom Brot...

... allein, sondern auch von dem, was drauf kommt. Und da sieht es oft noch trostlos aus. Wurst, Käse, Marmelade, das ist es schon, was uns zum Thema Brotbelag einfällt.

Auch wenn das Vollkornbrot mittlerweile auf verstärkt Eingang in unsere Ernährung gefunden hat, besteht beim Belag vielerorts noch eine erschreckende Phantasielosigkeit. Meistens ist das, was wir uns da "aufs Brot schmieren" überwiegend tierischer Herkunft und zu fett oder, wenn es um Marmeladen geht, verkocht und viel zu süß. Gesund ist es jedenfalls selten.

Zwar gibt es mittlerweile in Naturkostläden ein immer größeres Sortiment an vegetarischen Pasten und Aufstrichen, aber oft herrschen da die "Leberwurstattrappen" noch vor.

Dieses Buch will zeigen, daß es vielfältige Alternativen zum gewohnten Käse- oder Wurstbrot gibt, Alternativen, die gesünder und billiger sind und oft auch besser schmecken. Und die sich vor allem leicht selbst herstellen lassen.

Für das Selbermachen von Brotaufstrichen gibt es viele Gründe: Der Preis (manche "fertigen" Pasten sind recht teuer), das Verwerten von Überschüssen aus Küche und Garten, das Einhalten einer bestimmten Diät bei Nahrungsmittelunverträglichkeit und Allergien oder - und das vor allen Dingen - weil es Spaß macht.

Auch wenn es manchem erst mühsam erscheinen mag: Zutaten rühren, raspeln, hobeln und mischen ist kreatives Arbeiten. Mit Gewürzen und Zutaten experimentieren macht Spaß. Und wenn dann der Aufstrich als "Vorrat" im Kühlschrank oder in der Vorratskammer steht, ist man doch schon etwas stolz auf sich und sein Können.

Und bei den selbstbereiteten Pasten, Marmeladen und Aufstrichen weiß man genau, was alles "drin" ist. Keine Geschmacksverstärker und Füllmittel, keine chemischen Konservierungs- oder Farbstoffe. Eben nur das, was wir selbst verwendet haben. Und unseren geschmacklichen Vorlieben oder Abneigungen können wir auch Rechnung tragen. Der Knoblauchfan nimmt eine Zehe mehr, der Knoblauchmuffel läßt den Knoblauch ganz weg. Die Naschkatze nimmt ausnahmsweise mal etwas mehr Honig zum Süßen. Bei selbstgemachten Aufstrichen alles kein Problem.

Viel Spaß beim Ausprobieren der hier aufgeführten Rezepte. Und beim Erfinden von neuen, ganz persönlichen Mischungen!

# Gesunde Zutaten

Unsere Nahrung hat einen nicht unbeträchtlichen Einfluß auf unser Wohlbefinden. Deshalb sollten wir nicht nur darauf achten, welche Lebensmittel wir zu uns nehmen, sondern auch auf ihre Herkunft und Bearbeitung.

Soweit möglich sollen die Zutaten aus kontrolliert biologischem Anbau stammen. Damit tun wir nicht nur uns selbst etwas Gutes, wir unterstützen auch den Umweltschutz. Wir können diese "Lebens"mittel entweder im Naturkostladen und Reformhaus oder direkt beim Erzeuger (Bio-Bauer oder Bio-Gärtner) kaufen. Wer ein eigenes Gärtchen zur Verfügung hat, wird sowieso auf Pestizide und synthetische Düngemittel verzichten.

Bei tierischen Produkten wie Milch und Eiern sollte man auf eine artgerechte Tierhaltung achten. Eier aus Legebatterien sollten nicht nur ihres schlechten Geschmackes wegen nicht mehr auf den Tisch kommen.

Obst und Gemüse so frisch wie möglich verarbeiten. Mit der Gemüsebürste gründlich säubern, schadhafte Stellen herausschneiden, entsprechend zerkleinern und dann sofort weiterverarbeiten. Durch langes Waschen und Stehen an der Luft gehen viele Mineralstoffe und Vitamine verloren.

Die Nahrungsmittel sollten so naturbelassen wie möglich sein. Das heißt statt weißen Auszugsmehlprodukten Vollkornprodukte, statt raffiniertem Zucker alternative Süßmittel wie Honig und Ahornsirup, statt lösungsmittelextrahierten, desodorierten Ölen kaltgepreßte Öle nehmen. Auf Konservierungsstoffe weitgehend verzichten. Trockenfrüchte müssen nicht geschwefelt sein!

Ungespritzte und unbehandelte Nahrungsmittel haben einen viel besseren und intensiveren Geschmack als die mit den Hilfsmitteln der Agrarindustrie hochgepäppelten. Und gesünder sind sie allemal. Zwei Argumente, die eigentlich überzeugen sollten...

# Geräte

Um einen Brotaufstrich herzustellen, braucht man natürlich keine komplett ausgestattete Profiküche. Es gibt jedoch das eine oder andere Hausgerät, das uns die Arbeit erleichtern kann. Wenn es in der eigenen Küche nun fehlt, ist das allerdings noch kein Grund zum Verzweifeln. Dann ist eben etwas mehr Improvisationstalent gefragt!

**Dampfentsafter:** Für die Saftgewinnung gerade bei "härterem" Obst und Gemüse. Aufsteigender Wasserdampf drückt den Saft aus dem Fruchtfleisch heraus. Ist allerdings wenig vitaminschonend!

**Dampfdrucktopf:** Vor allem bei Zutaten mit längeren Garzeiten wie Hülsenfrüchte und Getreide leistet er gute Dienste. Er ermöglicht ein schnelleres und vitaminschonenderes Kochen.

**Fleischwolf:** Zerkleinert auch festere Zutaten zu einer breiartigen Masse, so daß sie sich gut zu einem Aufstrich weiterverarbeiten lassen.

**Getreidemühle:** Ein Gerät, das eigentlich in keiner Vollwert-Küche fehlen sollte. Mahlt Getreide und meist auch Ölsaaten. Der Feinheitsgrad des Mahlproduktes ist einstellbar.

**Knoblauchpresse:** Eigentlich auch unentbehrlich für jeden Haushalt. Zerkleinert Knoblauchzehen schnell und ohne viel Mühe. Beim Kauf darauf achten, daß auf der Preßfläche kleine Zähnchen sind, die ein Verstopfen der Löcher verhindern.

**Mixer:** Macht aus den Zutaten eine wunderbar homogene, glatte Masse. Für die Aufstrichbereitung ein schieres Wunderding!

**Mörser:** Dient zum Zerstoßen von Gewürzen und ähnlichem. Auch Nüsse und Ölsaaten lassen sich gut darin zerkleinern. Achtung: Frisch im Mörser zerkleinerte Gewürze haben ein sehr viel intensiveres Aroma als gemahlen gekaufte. Beim Würzen beachten!!!

**Mulltücher:** Ziemlich praktisch bei der Bereitung von Quark, Frischkäse, Sojamilch und Tofu. Auch bei der Gewinnung von kleineren Mengen Saft aus Beeren. Das Mulltuch fungiert dabei als sehr feines Sieb, das die gröberen Bestandteile zurückhält und die Flüssigkeit durchläßt. Durch wringen oder pressen wird die Ausbeute größer. Mulltücher lassen sich auskochen, sind also auch sehr hygienisch.

**Nußmühle:** Praktisch, wenn öfter geriebene Nüsse verwendet werden. Nüsse sind sehr ölhaltig, werden deshalb im geriebenen Zustand auch leicht ranzig. Frisch gerieben schmecken sie auf jeden Fall besser! Einige Nußmühlen eignen sich übrigens auch gut zum Käsereiben.

**Pfeffermühle:** Frisch gemahlener schwarzer Pfeffer ist ein Genuß. Wer's einmal probiert hat, verzichtet zeitlebens auf Rieselpfeffer aus dem Streuer. Pfeffermühlen sollten gut in der Hand liegen.

**Pürierstab:** Stellt ähnlich wie der Mixer aus den Zutaten eine glatte Masse her. Beim Mixer werden die Zutaten in das Mixgefäß eingefüllt, beim Pürierstab wird der Stab in die Schüssel oder den Topf hineingehalten. Hat beides Vor- und Nachteile.

**Rohkost-Reibe:** Raspelt Obst und Gemüse. Am besten eine Raspel mit verschiedenen Feinheitsstufen anschaffen.

**Saftpresse oder -zentrifuge:** Saftgewinnung auf mechanischem Wege. Das hat den Vorteil, daß hitzeempfindliche Vitamine - anders als beim Dampfentsaften - nicht zerstört werden.

**Thermometer:** Ein Küchenthermometer ist bei der Herstellung von Joghurt, Quark oder Käse - egal ob auf Milch- oder Sojabasis - unentbehrlich.

**Twist-Off-Gläser:** Diese Gläser sind unerhört praktisch zum Aufbewahren von Aufstrichen und Marmeladen. Heiß eingefüllt und verschlossen bildet sich in ihnen eine Art Vakuum, das die Haltbarkeit des Aufstriches erhöht. Sie sind leicht zu reinigen, gut stapelbar und - last but not least - billig. Einfach die leeren Gläser von gekauften Marmeladen oder ähnlichem sammeln.

# Haltbarkeit

Die Haltbarkeit von selbstgemachten Aufstrichen hängt sehr stark davon ab, wie sauber bei der Herstellung gearbeitet wurde. Deshalb ist es auch sehr schwierig, genaue Angaben dazu zu machen. Eine Ausnahme bilden dabei die Marmeladen und Gelees. Hier wird mit einem "Konservierungsmittel" in Form von Honig, Ahornsirup oder Birnendicksaft gearbeitet. Der darin enthaltene Zucker hemmt das Bakterienleben soweit, daß sich eine Lagerfähigkeit von einem halben bis zu einem ganzen Jahr ergibt. Bei allen anderen Aufstrichen liegt aber gerade die Betonung darauf, möglichst wenig "Zucker" oder Salz zu verwenden. Dadurch erhalten wir bekömmlichere, aber leider auch weniger lange haltbare Aufstriche. Doch einige Tage sind sie im Kühlschrank allemal haltbar.

Der Grund für den Verderb von Nahrungsmitteln sind Mikroorganismen wie Schimmel und Fäulnisbakterien, die das Lebensmittel in für den Menschen giftige Stoffe zersetzen. Diese Mikroorganismen werden allerdings erst so richtig aktiv, wenn in ihrer Umgebung drei Bedingungen erfüllt sind: genügend Wasser, genügend Sauerstoff und eine angemessene Temperatur.

Beim Bereiten der Aufstriche muß also darauf geachtet werden, daß möglichst wenig Mikroorganismen dazukommen und daß den bereits vorhandenen Mikroorganismen die Lebensgrundlage entzogen wird.

Praktisch bedeutet das, nur einwandfreies Obst und Gemüse zu verwenden. Alle angegammelten Teile großzügig abschneiden. Gründlich waschen und verlesen. Die Messer, Schüsseln und Geräte müssen auch peinlich sauber sein. Die Gläser vor dem Füllen heiß ausspülen oder im Backofen erhitzen. So hygienisch wie möglich arbeiten.

**15**

Fallen größere Mengen Obst und Gemüse an, lieber einen Teil davon einfrieren und bei Bedarf daraus einen Aufstrich bereiten. Auch Aufstriche lassen sich einfrieren und so lange haltbar machen. Wichtig ist, die Gläser immer mit Inhalt und Herstelldatum zu beschriften. So weiß man eher, was "weg muß".

Bei gekochten Aufstrichen wird ein Teil der Mikroorganismen durch die Hitze abgetötet. Den Aufstrich noch heiß in ein Glas füllen und sofort verschließen. So bildet sich eine Art Vakuum, den überlebenden Mikroorganismen fehlt Sauerstoff. Dadurch wird die Haltbarkeit beträchtlich erhöht.

Der richtige Aufbewahrungsort für selbstgemachte Aufstriche ist der Kühlschrank. Die Gläser immer auf Schimmel kontrollieren.

Aber keine Angst: im Normalfall werden die Aufstriche gar nicht so alt. Gegen den gesunden Hunger eines Vollwertköstlers hat ein Bakterium meist gar keine Chance.

# Warenkunde

**Agar Agar:** ein Geliermittel, das aus Meeresalgen hergestellt wird und sehr gute Geliereigenschaften hat. Es ist in Stangenform, als Flocken oder Pulver im Handel.

**Ahornsirup:** Süßmittel, das aus dem Saft der Ahornbäume gewonnen wird. Er wird in verschiedene Qualitätsgrade eingeteilt. Je höher die Lichtdurchlässigkeit, desto wertvoller der Sirup. Grad A und B zeichnen sich durch eine helle bernsteinähnliche Farbe und ein mildes Aroma aus. Grad C und D sind dunkler und haben ein würziges Aroma.

**Birnendicksaft:** Konzentrierter Fruchtsaft, der als Süßmittel Verwendung findet.

**Bulgur:** ein im Nahen Osten und in Nordafrika beheimatetes Weizenprodukt. Weizen wird eingeweicht, einige Stunden in wenig Wasser gekocht, anschließend getrocknet und zerkleinert. Fertiges Bulgur gibt es in fast allen Naturkostläden.

**Carob:** Johannisbrotmehl, aus den Früchten des Johannisbrotbaums gewonnenes Pulver. In Geschmack und Aussehen dem Kakao ähnlich, ist Carob im Unterschied zu diesem weniger fetthaltig und vor allem frei von stimulierenden Wirkstoffen wie Theobromin und Coffein, hat dafür aber einen hohen natürlichen Zuckergehalt.. Wegen seiner Ähnlichkeit mit Kakao wird Carob vorwiegend zu schokoladeartigen Produkten verarbeitet.

**Gomasio:** ein aus Meersalz und geröstetem Sesam hergestelltes Würzmittel.

**Hefeflocken**: Würzmittel, das sehr reich an hochwertigen Vitaminen und Spurenelementen ist. Insbesondere enthält es die Vitamine des B-Komplexes, darunter auch das im Pflanzenreich nur sehr selten vorkommende Vitamin B12.

**Hirseflocken**: Hirsekörner werden unter Dampf erhitzt und anschließend mit Walzen gepreßt. Durch den Preßvorgang wird empfindliches Keimöl frei, Hirseflocken sind deshalb nur begrenzt haltbar. Man sollte sich immer nur für wenige Monate damit bevorraten.

**Meersalz**: wird vornehmlich an den Mittelmeer- und Atlantikküsten Südeuropas durch Trocknung von Meerwasser gewonnen. Meersalz enthält im Vergleich zu Kochsalz lediglich 93 bis 97 % Natriumchlorid und damit immerhin 3 bis 7 % Mineralsalze und Spurenelemente.

**Miso**: ein aus Japan stammendes Würzmittel von pastenartiger Konsistenz, das aus fermentierten Sojabohnen, Getreide und Meersalz gewonnen wird. Es gibt mehrere Misosorten, die sich durch Lagerzeit und verwendete Getreidesorte voneinander unterscheiden. Miso ist in den meisten Naturkostläden erhältlich.

**Pektine**: Quellmittel, die sich vor allem in den Zellwänden von Äpfeln, Quitten, Hagebutten, Holunder, Johannis-, Stachel- und Preiselbeeren befinden. Pektine werden aber auch industriell hergestellt. Durch ihre starke Quellfähigkeit können sie besonders gut Wasser binden.

**Sojasauce**: ein in der fernöstlichen Küche unentbehrliches Würzmittel. Sojabohnen werden weichgekocht, mit einem bestimmten Schimmelpilz geimpft und zusammen mit einer Salzlösung in Holzfässern gelagert. Qualitativ hochwertige Sojasaucen bestehen entweder nur aus Sojabohnen Wasser und Salz (Tamari) oder es ist noch gerösteter Weizen zugesetzt (Shoyu).

**Sucanat**: eingedickter und getrockneter Zuckerrohrsaft. Wird als Süßmittel verwendet.

**Tahin**: zu Mus verarbeiteter Sesam. Je nach Sorte wird geschälter oder ungeschälter Sesam dazu verwendet. Dient außer als Brotaufstrich auch als Saucengrundlage und zur Verfeinerung warmer Gerichte.

**Tofu**: ein Sojabohnenprodukt, das in Konsistenz und Farbe Quark ähnelt. Weil Tofu nahezu geschmackneutral ist, läßt er sich sehr vielseitig verwenden: süß oder pikant, gebraten, geräuchert oder fritiert. Tofu wird in Naturkostläden oder Reformhäusern angeboten.

# Pausenbrote

Pausenbrote sind oft so langweilig, daß sie zuhause vergessen werden! Man kennt das ja: zwischen 2 lappige Scheiben Butterbrot ist lustlos eine Scheibe Käse oder Wurst gequetscht. Kein Wunder, daß sich die Süßwarenindustrie mit Kinderschnitten und Schokoriegeln einen Riesenmarkt schaffen konnte. Leider bleiben da Gesundheit und Geschmack auf der Strecke. Dabei ist es gar nicht so schwer und zeitaufwendig, leckere Pausenbrote für Kinder und Erwachsene herzustellen.

Die Grundlage ist natürlich das Brot. Die Zutaten sollten - wie auch sonst alle Lebensmittel - möglichst aus kontrolliert biologischem Anbau stammen und so naturbelassen wie möglich sein. Das heißt im Klartext: Vollkornbrot oder Vollkornbrötchen vom Biobäcker oder aus dem Naturkostladen. Oder auch einmal selber backen!

Beim Brot immer andere Sorten verwenden. Brötchen, Stangen, Knäckebrot, Baguettes, herzhafte oder mildere Brote - schon beim Einkauf daran denken, wie wichtig eine Abwechslung ist.

Der "Brotbelag" sollte auch abwechslungsreich sein. Nicht eine Woche lang denselben Aufstrich, bis er aufgebraucht ist. Lieber öfter mal wechseln. Und passend zu dem Aufstrich auch reichlich Obst und Gemüse dazupacken. Bleichsellerie, Paprika, Radieschen, eine Karotte, Nüsse, ein Apfel - das läßt sich alles schön aus der Hand futtern.

Auch für Pausenbrote gilt: das Auge ißt mit. Schon das Auspacken kann Spaß machen, wenn die Brote in einer schönen Dose mitgenommen werden. Und auch bei Farbe und Form des Brotes kann man seine Phantasie spielen lassen. Das Brot kann in lustige Dreiecke oder Rauten geschnitten werden, es kann schön dekoriert werden, usw. Mit wenig Aufwand kann man aus einem ungeliebten Magenfüller einen lustvollen Imbiß zaubern. Da bleibt das Pausenbrot bestimmt nicht mehr zuhause liegen!

# Kleine Geschenke...

Wer hat noch nicht in letzter Minute nach einem Geschenk für eine Einladung oder einem kleinen Dankeschön für eine Gefälligkeit gesucht. Die obligatorischen Mitbringsel Blumen und Wein wirken dabei meist unpersönlich. Warum nicht einmal etwas "Selbstgemachtes" verschenken?

Ein Brotaufstrich läßt sich in kurzer Zeit zusammenmixen. Und wenn nicht alle Zutaten vorhanden sind, kann man ruhig ein bißchen experimentieren. Den fertigen Aufstrich in ein schönes Glas füllen und schon hat man ein originelles Geschenk.

Etwas mehr Zeit und Mühe macht eine Terrine, eine Art Pastete, die in Scheiben geschnitten als Brotbelag dient. In einer Patéform sieht das sehr nobel aus.

Ebenfalls sehr dekorativ ist eingelegter Käse, z.B. Mozarella. Er wird in ein großes Glas geschichtet und mit Kräutern und Gewürzen gemischt. Fast schon ein Kunstwerk.

Etwas ganz besonderes gibt es noch für alle Globetrotter und Campingfans: der selbstgemachte Aufstrich in der Tube. Dazu gibt es in Campingbedarfsläden Plastiktuben zum Selbstbefüllen (2 Stück mit ca. 250 ml Fassungsvermögen kosten ca. 6 DM). Diese Tuben werden von hinten befüllt und dann mit Klemmen verschlossen. Sie sind wiederverwendbar und eignen sich gut für Butter, Aufstriche, Kindernahrung und ähnliches.

Natürlich darf bei all diesen Geschenken eine Anleitung zum Nachmachen des Aufstrichs nicht fehlen...

# Nahrungsmittelunverträglichkeiten

Viele Menschen leiden heute, manchmal schon von Geburt an, an Nahrungsmittelunverträglichkeiten. Dies kann sich in den verschiedensten Symptomen äußern. Kopfschmerzen, Asthma, Ekzeme, Nesselsucht oder Arthritis, um nur einige zu nennen. Auch Neurodermitis zählt zu den Krankheiten, deren Verlauf eng mit den jeweiligen Ernährungsgewohnheiten zusammenhängt. Vor allem tierisches Eiweiß und Weizen werden von vielen Menschen nicht vertragen.

Liegt ein Verdacht auf ernährungsbedingte Störungen vor, sollte auf jeden Fall ein Arzt zu Rate gezogen werden. Meist wird dann gezielt festgestellt, welche Nahrungsmittel zu meiden sind.

Im Rezeptteil finden sich sowohl Rezepte ohne tierisches Eiweiß als auch Rezepte mit Milchprodukten und Eiern. Wer ganz auf tierisches Eiweiß verzichten will oder muß, kann in den meisten Rezepten die Milchprodukte einfach durch Sojaprodukte ersetzen. Also Milch durch Sojamilch und Quark durch Tofu. Statt Butter kann natürlich Pflanzenmargarine genommen werden, statt Mayonnaise Sojamayonnaise.

Beim Würzen der Rezepte kann im Bedarfsfall ganz auf Salz verzichtet werden. Statt dessen (möglichst einheimische) Kräuter oder Gewürze nehmen. Mit scharfen tropischen Gewürzen sollte sparsam umgegangen werden.

Auch Honig, Birnendicksaft oder Ahornsirup als Süßmittel nur in geringeren Mengen einsetzen.

Zitrusfrüchte und Erdnüsse sollten nicht in größeren Mengen verwendet werden. Beide wirken im empfindlichen Magen stark säurebildend und können so auch Unverträglichkeitsreaktionen hervorrufen.

Keine Angst! Es bleiben noch genügend Nahrungsmittel übrig, die gut schmecken. Mit etwas Phantasie und Lust am Experimentieren braucht man also trotz Nahrungsmittelallergie auf gesunde und schmackhafte Aufstriche nicht zu verzichten.

# Aufstriche mit Butter

# Grundrezept Butter

*1 l Rahm / 1/4 l Buttermilch*

Den Rahm kann man selbst gewinnen, indem man Rohmilch über Nacht im Kühlen stehen läßt. Der Rahm setzt sich als Schicht oben auf der Milch ab und man kann ihn vorsichtig abschöpfen. Gut gekühlt läßt sich dieser Rahm über 2-4 Tage sammeln, bis die Menge zum Buttern ausreicht. Natürlich kann auch aus gekaufter Sahne Butter hergestellt werden. Natürlich kann man auch Butter kaufen.

Der Rahm kann nun sofort verbuttert werden. Dann entsteht Süßrahmbutter. Um der Butter einen besseren Geschmack und längere Haltbarkeit zu geben, wird der Rahm mit Buttermilch angesäuert und einige Stunden stehengelassen. Den Sauerrahm vor dem Buttern noch einmal gut kühlen.

Das eigentliche Buttern bedeutet hauptsächlich eine mechanische Bearbeitung des Sauerrahms. Die Eiweißhäute, die die Fetttröpfchen umschließen, werden dabei aufgebrochen, es kommt zu größeren Fettzusammenballungen, dem Butterkorn. Das Buttern kann mit einem Handrührer oder einer Buttermaschine erfolgen, notfalls mit einem elektrischen Haushaltsrührgerät. Soll nur eine kleine Menge Butter hergestellt werden, kann der Rahm auch in einer dickbauchigen Flasche geschüttelt werden, bis er ausbuttert.

So lange rühren, bis sich kirschkerngroße Butterkörnchen gebildet haben. Das kann über eine halbe Stunde dauern. Die Buttermilch durch ein Haarsieb abgießen und als Getränk oder zum Backen weiterverwenden. Die Butter im Sieb gut mit fließendem kalten Wasser spülen. Zwischendurch gründlich durchkneten, damit die restliche Flüssigkeit herausgepreßt wird.

Die Butter mit der Hand oder mit einem Buttermodel in Form bringen. Das Buttermodel eine halbe Stunde in heißes Wasser legen und vor der Benutzung kalt ausspülen. Die Butter so hineindrücken, daß nirgends mehr Löcher offen sind. Im Kühlschrank fest werden lassen, dann auf einen Teller stürzen. Wird von Hand geformt, die Hände vorher in möglichst heißes Wasser tauchen.

Aus einem Liter Vollmilch von der Kuh gewinnt man - je nach Fettgehalt der Milch - etwa 150 Gramm Butter, aus Schafsmilch etwa 400 Gramm. Butter aus Schafsmilch ist eine Delikatesse. Sie ist mild und hat einen mandelartigen Geschmack.

# Knoblauchbutter

*100 g Butter / 2-3 Knoblauchzehen / 1 TL Zitronensaft / Meersalz*

Die Butter weich rühren. Knoblauchzehen hineinpressen, mit Zitronensaft und Meersalz abschmecken.

Tip: Knoblauchbutter schmeckt warm besonders gut. Egal ob auf Brot oder zu gegrilltem Gemüse.

# Petersilienbutter

*100 g Butter / 1 TL Zitronensaft / 50 g Walnüsse /
1 Bund Petersilie / 50 g Emmentaler*

Die Butter schaumig rühren. Die Walnüsse hacken, Petersilie kleinschneiden, den Käse reiben. Alle Zutaten gründlich vermischen. Bei Zimmertemperatur ist dieser Aufstrich streichfähiger.

# Kräuterbutter

*100 g Butter / 1 TL Zitronensaft / 1 Knoblauchzehe / Meersalz /
frische Kräuter (Dill, Petersilie, Kresse,
Schnittlauch, Basilikum...)*

Die Butter geschmeidig rühren. Die Knoblauchzehe pressen, die Kräuter kleinschneiden und mit dem Zitronensaft unter die Butter mischen. Mit Meersalz abschmecken. Die Kräuterbutter vor Gebrauch im Kühlschrank wieder fest werden lassen.

# Senfbutter

*100 g Butter / 1 EL scharfer Senf / 1 EL Crème fraîche /*
*etwas Dill*

Die Butter schaumig rühren. Senf und Crème fraîche untermischen. Die Senfbutter in ein schönes Schälchen füllen und mit einigen Zweigen Dill garnieren. Vor Gebrauch im Kühlschrank wieder fest werden lassen.

# Pistazienbutter

*100 g Butter / 2 EL Pistazienkerne / Meersalz / 1 Prise Gomasio*

Die Butter schaumig rühren. Die Pistazienkerne fein hacken. Alle Zutaten miteinander vermischen. Vor Gebrauch im Kühlschrank wieder fest werden lassen.

# Basilikumbutter

*100 g Butter / 1 Bund Basilikum / 50 g Crème fraîche /*
*Pfeffer / Meersalz*

Die Butter schaumig rühren. Basilikumblätter hacken und mit der Crème fraîche unter die Butter mischen. Mit Meersalz und schwarzem Pfeffer abschmecken. Basilikumbutter schmeckt auch gut zu frischen oder gegrillten Tomaten.


# Senfsprossen-Butter

*100 g Butter / Meersalz / 1 Knoblauchzehe / 1 EL Senfsprossen*

Die Butter im Mixer mit den restlichen Zutaten vermischen. Senfsprossen-Butter paßt auch gut zu jungen Kartoffeln.

# Apfelschmalz

*200 g Butter / 1 saurer Apfel / 1 Zwiebel / 1 TL Kräutersalz*

Die Zwiebel feinhacken und in etwas Butter anrösten, dann die restliche Butter dazugeben. Den Apfel reiben und in der Butter kurz mitschmoren lassen. Mit Kräutersalz würzen. Das Apfelschmalz beim Abkühlen öfter umrühren, damit sich die festen Teile nicht am Boden absetzen.

# Hefeflockenbutter

*50 g Butter / 50 g Hefeflocken / 1 EL Sesam / 1 TL Miso /*
*50 g Crème fraîche / schwarzer Pfeffer*

Die Butter schaumig rühren. In einer trockenen Pfanne Hefeflocken und Sesam anrösten, wieder abkühlen lassen. Zusammen mit Miso und Crème fraîche unter die Butter mischen und mit schwarzem Pfeffer abschmecken.

# Olivenbutter

*100 g Butter / 10 Oliven / 5 süße Mandeln / Pfeffer / Meersalz /*
*Oregano / Tabasco*

Die Butter schaumig rühren. Die Oliven entsteinen und klein
würfeln, die Mandeln fein hacken. Unter die Butter mischen und
mit den Gewürzen abschmecken.

# Russen-Butter

*100 g Butter / 2 Eier / 1 TL Senf / 1 TL Zitronensaft /*
*Cayennepfeffer / Meersalz / schwarzer Pfeffer*

Die Butter weichrühren. Die Eier hartkochen, abschrecken und
schälen, etwas abkühlen lassen. Die Eigelb durch ein Sieb passieren, die Eiweiß sehr fein hacken. Mit Senf und Zitronensaft unter
die Butter rühren, mit Cayennepfeffer, Meersalz und schwarzem
Pfeffer abschmecken.

# Curry-Bananen-Butter

*100 g Butter / 1 reife Banane / 1 EL Curry /*
*Zitronensaft / Meersalz*

Die Butter weichrühren, die Banane mit einer Gabel zerdrücken und unter die Butter rühren. Mit Zitronensaft, Curry und Meersalz pikant abschmecken.

# Tomatenbutter

*100 g Butter / 2 EL Tomatenmark / 1 Schalotte / Pfeffer /*
*Meersalz / frisches Basilikum*

Die Butter weichrühren, das Tomatenmark dazugeben. Die Schalotte sehr fein hacken und ebenfalls unter die Butter rühren. Mit Pfeffer, Salz und frischem Basilikum abschmecken.

# Dillbutter

*100 g Butter / 2 EL Dill / 2 Eier / Meersalz*

Die Butter weichrühren. Den Dill vorsichtig waschen, von den Stielen zupfen und fein wiegen. Die Eier hartkochen und in mittelfeine Stückchen schneiden. Mit dem Dill unter die Butter rühren. Mit Meersalz abschmecken.

# Schalotten-Butter

*100 g Butter / 3 Schalotten / 1/2 Tasse Wasser /*
*2 EL Rotweinessig / 1 Lorbeerblatt / 1 Prise Thymian /*
*1 Prise Rosmarin / 1 Prise Lavendel / Meersalz*

Die Schalotten fein schneiden. Wasser und Rotweinessig zum Kochen bringen und die Schalotten, den Lorbeer und die Kräuter darin köcheln lassen, bis die Flüssigkeit verdampft ist. Das Lorbeerblatt entfernen, die Schalotten abkühlen lassen. Die Butter weich rühren und die Schalotten untermischen. Mit Meersalz abschmecken.

# Kapernbutter

*100 g Butter / 2 EL Kapern / 1 Ei / Meersalz*

Die Butter weich rühren. Die Kapern fein hacken. Das Ei hart-kochen, schälen und ebenfalls hacken. Alle Zutaten miteinander verrühren. Mit Meersalz und eventuell etwas Einlegflüssigkeit von den Kapern abschmecken.

# Gomasio-Butter

*100 g Butter / 2 EL Sesam / 1 TL Meersalz*

Die Butter weich rühren. Den Sesam in einer trockenen Pfanne goldgelb rösten. Im Mörser zusammen mit dem Meersalz zer-stoßen. Das Gomasio unter die weiche Butter geben.

# Walnußbutter

*100 g Butter / 50 g Walnüsse / 1 TL Gomasio /*
*1 EL frischer Kerbel*

Die Butter weich rühren. Die Walnüsse fein hacken, den Kerbel fein wiegen. Alle Zutaten gut miteinander verrühren.

# Müsli-Butter

*100 g Butter / 30 g Müslimischung / 1 kleine Banane / 1 TL Honig*

Die Butter schaumig rühren. Die Banane mit einer Gabel zermusen und zusammen mit der Müslimischung unter die Butter rühren. Mit Honig süßen.

# Himbeer-Butter

*100 g Butter / 50 g Himbeeren / 1 TL Honig / Vanillepulver*

Die Butter schaumig rühren. Himbeeren, Honig und Vanillepulver mit dem Pürierstab zermusen und mit der Butter mischen.
Himbeer-Butter paßt besonders gut zu frischem Hefegebäck.

# Zimt-Butter

*100 g Butter / 1 TL Zimt / 1 TL Honig*

Die Butter mit Zimt und Honig schaumig rühren.

# Studentenbutter

*100 g Butter / 1 EL Rosinen / 1 EL Cashewkerne /*
*1 EL Erdnüsse / 1 TL Honig*

Die Butter schaumig rühren. Die Rosinen kleinschneiden, die Cashewkerne und Erdnüsse hacken. Alle Zutaten miteinander verrühren.

# Carob-Butter

*100 g Butter / 2 EL Carobpulver / 1 TL Honig / Vanillepulver*

Die Butter weichrühren. Carob und Honig miteinander glattrühren und zur Butter geben. Mit Vanillepulver würzen.

# Mandelbutter

*100 g Butter / 50 g Mandeln / Meersalz*

Die Butter weich rühren. Die Mandeln grob hacken und in einer trockenen Pfanne goldgelb rösten. Unter die Butter rühren und mit Meersalz abschmecken.

# Kokos-Butter

*100 g Butter / 25 g Kokosraspel / 1 EL Carobpulver / 1 TL Honig*

Die Butter weichrühren. Carobpulver mit Honig mischen und mit den Kokosraspeln unter die Butter rühren.

# Butter "rot-grün"

*100 g Butter / 100 g gemischte rote Beeren (z.B. Erdbeeren, Johannisbeeren, Himbeeren usw.) / 1 TL Honig / 2 EL Pistazien*

Die Butter mit den Beeren und dem Honig im Mixer pürieren. Die Pistazien grob hacken und unter die Buttermischung rühren.

# Aufstriche mit Quark und Käse

# Grundrezept

## Quark

*1 l rohe Milch / 3 EL Dickmilch oder Buttermilch*

Die rohe Milch mit der Dickmilch oder Buttermilch "impfen" und 24 Stunden bei Zimmertemperatur zu Dickmilch säuern lassen. Den Backofen kurz auf 50 Grad aufheizen und wieder abschalten. Die Dickmilch darin eine halbe Stunde lang erwärmen, damit sich die Molke vom sogenannten Bruch abtrennt. Die optimale Temperatur dafür ist 35 Grad. Wenn die Dickmilch zu heiß wird, kann das Ergebnis zu trocken und krümelig ausfallen.

Ein Küchensieb mit einem Mulltuch auslegen und den Bruch vorsichtig hineinschöpfen. Das Tuch an den Enden verknoten und aufhängen. So kann die Molke in etwa 2 Stunden vollständig abtropfen. Wenn als Ausgangsmaterial Magerquark verwendet wird, entsteht natürlich auch Magerquark. Je fetthaltiger die Milch, desto sahniger wird der Quark werden.

## Frischrahmkäse

*1/2 l süße Sahne / 1 EL Dickmilch oder Buttermilch*

Die Sahne mit der Dickmilch impfen und in 24 Stunden säuern lassen. Weiter wie bei der Quarkherstellung verfahren. Es entsteht ein Frischkäse mit hohem Fettgehalt.

# Kochkäse

*500 g Quark / 1 TL Meersalz / 1 g kohlensaures Natron /*
*Kümmel nach Geschmack*

Den Quark in einem Sieb abtropfen lassen. Wenn er richtig
schön trocken ist, wird er möglichst fein gerieben. Das geht besonders gut mit einer "Flotten Müllerin", man kann ihn aber auch
durch ein grobes Sieb passieren. In einer dünnen Schicht auf einer
Unterlage 2 bis 4 Tage reifen lassen, täglich einmal umrühren.

Den gereiften Quark mit dem Meersalz und dem kohlensauren
Natron versetzen. Im Wasserbad bei etwa 85 Grad unter Rühren
eine halbe Stunde erhitzen, bis er die typische Konsistenz von
Kochkäse angenommen hat. Wer mag, kann noch Kümmel unterrühren. Den noch heißen Kochkäse in Twist-Off-Gläser füllen und
die Gläser sofort verschließen. Auf diese Art ist er kühl aufbewahrt lange haltbar.

# Hüttenkäse

*1 l entrahmte Milch / 3 EL Dickmilch oder Buttermilch /*
*Meersalz / saure Sahne nach Geschmack*

Die entrahmte Milch mit Dickmilch oder Buttermilch "impfen"
und 24 Stunden säuern lassen. Die angedickte Milch im Backofen
auf etwa 35 Grad erwärmen. Dabei öfter mit einem Rührlöffel
vorsichtig rühren.

Ein Küchensieb mit einem Mulltuch auslegen und den Bruch
hineinschöpfen. Während die Masse abkühlt, ab und zu kräftig mit
den Fingern "durchkämmen", damit sich die für den Hüttenkäse
charakteristischen Klümpchen bilden.

Nach etwa 1 Stunde ist genug Molke abgelaufen. Den Hüttenkäse mit etwas Meesalz abschmecken. Wer mag, kann auch noch
einige Eßlöffel saure Sahne unterrühren.

# Mairüben-Quark

*200 g Mairüben / 1 Bund Schnittlauch / 1 Bund Radieschen /*
*150 g Hüttenkäse / 150 g Sahnequark / 1 EL Milch /*
*Zitronensaft / Pfeffer / Meersalz*

Die Mairüben grob reiben, Radieschen in dünne Scheiben
schneiden, den Schnittlauch hacken. Hüttenkäse und Sahnequark
mischen, Milch dazugeben und geschmeidig rühren. Die Gemüse
unterheben. Mit Zitronensaft, Salz und Pfeffer abschmecken.
Tip: Dieser Aufstrich eignet sich auch als frisch-pikante Pfann-
kuchenfüllung.


# Bluecreme

*100 g Edelschimmelkäse / 200 g Quark / 50 g Haselnüsse /*
*1 TL Zitronensaft / etwas frische Pfefferminze /*
*Kräutersalz / Pfeffer*

Den Edelschimmelkäse mit einer Gabel zerdrücken, mit dem
Quark mischen. Die Haselnüsse fein mahlen, Pfefferminzblättchen
waschen und kleinschneiden und beides unter den Quark rühren.
Mit Zitronensaft, Kräutersalz und Pfeffer abschmecken.

# Kresse-Aufstrich

*1 Tasse Kresse / 200 g Hüttenkäse / 1 kleine Zwiebel /*
*1 TL Honig / Meersalz / 1 kleine Stange Lauch /*
*2 EL Nüsse*

Die Kresse vorsichtig waschen und feinhacken, die Zwiebel
sehr fein schneiden. Den Lauch in sehr dünne Ringe schneiden.
Die Nüsse in einer trockenen Pfanne anrösten und grob hacken.
Alle Zutaten miteinander vermischen und kurz durchziehen lassen.

# Obatzter

*200 g Camembert / 1-2 EL Öl / 1 Zwiebel / 1 EL Essig /*
*Meersalz / 1/2 TL Paprika*

Für Obatzter einen möglichst reifen Camembert verwenden. Er
läßt sich leichter verarbeiten und ist auch geschmacksintensiver.
Den Camembert und das Öl mit einer Gabel zu einer breiartigen
Masse zerdrücken. Die Zwiebel sehr fein schneiden und untermischen. Mit Essig, Meersalz und Paprika pikant abschmecken.

# Kräuterquark

*200 g Quark / 4 EL Milch / frische Kräuter (Schnittlauch, Petersilie, Zitronenmelisse, Borretsch, Basilikum...) / 2 Knoblauchzehen / Tabasco / Pfeffer / Meersalz*

Den Quark mit der Milch geschmeidig rühren. Die Kräuter waschen, fein hacken und unter den Quark mischen. Die Knoblauchzehen hineinpressen. Den Kräuterquark mit einem Spritzer Tabasco, Pfeffer und Meersalz abschmecken.

# Meerrettichkäse

*100 g Frischrahmkäse / 2 EL Meerrettich aus dem Glas / 1 MSP Senf / 1 TL Apfeldicksaft / Meersalz*

Den Frischrahmkäse mit den restlichen Zutaten verrühren. Den Meerrettich erst nach und nach zugeben und immer mal probieren, ob der Käse schon scharf genug schmeckt.

# Brennesselkäse

*100 g Hartkäse (Emmentaler o.ä.) / 50 g Butter /
junge Brennesselblätter / Meersalz*

Den Hartkäse reiben und mit der Butter zu einer geschmeidigen Paste verarbeiten. Die Brennesselblätter waschen und fein schneiden und in die Masse einkneten. Nach Geschmack noch etwas salzen.

# Weizen-Käse

*200 g Hüttenkäse / 4 EL Weizen / Wasser / 1 Knoblauchzehe /
1 TL Sojasauce / frische Kräuter*

Die Weizenkörner über Nacht in Wasser einweichen. Das Einweichwasser abschütten und die gequollenen Körner mit dem Hüttenkäse verrühren. Die Knoblauchzehe hineinpressen, mit Sojasauce würzen. Die Kräuter waschen und fein schneiden und ebenfalls unter die Käsemasse rühren.

# Tsaziki

*250 g Quark / Milch / 1/2 Salatgurke /*
*2 Knoblauchzehen / Meersalz*

Den Quark mit etwas Milch geschmeidig rühren. Die Salatgurke in dicke Scheiben, die Scheiben in Würfel schneiden. Den Knoblauch pressen. Gurke und Knoblauch in den Quark einrühren, mit Meersalz abschmecken.

# Bunte Käsebällchen

*250 g Frischkäse / Milch / 1 EL frische Kräuter oder*
*1 EL Sesam oder 1 EL Paprikapulver*

Den Frischkäse mit etwas Milch geschmeidig rühren und mit angefeuchteten Händen kleine Bällchen daraus formen. Die Bällchen entweder in frischen, kleingeschnittenen Kräutern, Sesamsaat oder Paprikapulver wälzen. Das sieht hübsch aus und schmeckt lecker.

# Eingelegter Mozarella

*2 Mozarellakäse / 1 Bund frisches Basilikum /*
*2-4 Knoblauchzehen / Öl*

Den Mozarella in Scheiben schneiden. Das Basilikum waschen, trocknen und die Blättchen einzeln abzupfen. Die Knoblauchzehen schälen und ebenfalls in Scheiben schneiden.

Käse, Kräuter und Knoblauch in ein dekoratives Glas schichten und mit Öl übergießen. Der Käse soll vollständig mit dem Öl bedeckt sein. Im Kühlschrank eine Woche durchziehen lassen.

Eingelegter Mozarella schmeckt besonders gut zu Roggenbrot, mit Tomatenscheiben belegt.

Das Öl kann entweder erneut zum Einlegen von Käse wiederverwendet werden, man kann aber auch Salate mit ihm anmachen. Es nimmt einen herzhaften Knoblauch-Kräuter-Geschmack an. Wer es ganz italienisch mag, nimmt Olivenöl.

Tip: Eingelegter Mozarella sieht so schön aus, daß man ihn ruhig auch als naturköstliches Mitbringsel verschenken kann.

# Paprika-Käse

*1 rote und 1 grüne Paprikaschote / 250 g Frischkäse /*
*3 EL Crème fraîche / frische Kräuter / 1 Knoblauchzehe /*
*Zitronensaft / Kräutersalz*

Die Paprikaschoten waschen und abtrocknen. Von der roten Paprika einen Deckel abschneiden und vorsichtig die Kerne entfernen. Die grüne Paprika ebenfalls entkernen und in kleine Stückchen schneiden. Den Frischkäse mit der Crème fraîche verrühren. Die Kräuter fein hacken und dazugeben. Den Knoblauch hineinpressen, mit Zitronensaft und Kräutersalz abschmecken. Die kleinen Stückchen der grünen Paprika ebenfalls unterrühren.

Die rote Paprikaschote mit der Käsecreme füllen. Im Kühlschrank etwas durchziehen lassen. Mit einem sehr scharfen Messer in Scheiben oder Schiffchen schneiden und aufs Brot legen.

# Pfefferkäse

*200 g Frischkäse / 3 EL Sahne /*
*2 EL schwarzer Pfeffer*

Den Frischkäse mit der Sahne geschmeidig rühren. Mit feuchten Händen zu einer Kugel formen. Den schwarzen Pfeffer grob mahlen und den Käse darin wälzen.

# Handkäs mit Musik

*4 kleine Handkäse (Harzer Käse) / 5 EL Öl / 3 EL Essig /*
*1 große Zwiebel / Meersalz / schwarzer Pfeffer*

Aus Essig, Öl, Salz und Pfeffer eine Marinade anrühren. Die Zwiebel kleinschneiden und unter die Marinade rühren. Die Handkäse ganz oder etwas zerkleinert in der Marinade einlegen. Mindestens 2 Stunden ziehen lassen. Kenner legen den Käse aber auch länger ein.

# Pflaumen-Quark

*100 g Quark / 100 g Pflaumen / 1 TL Honig /*
*1 Prise Zimt / 3 EL Wasser*

Die Pflaumen entsteinen, mit Honig, Zimt und Wasser kurz dünsten. Die Pflaumen dürfen nicht zerkocht sein. Im Mixer pürieren und unter den Quark rühren.

# Dörrobst-Quark

*100 g Quark / 50 g Dörrobst nach Wahl / Wasser*

Das Dörrobst über Nacht in Wasser einweichen. Mit dem Einweichwasser im Mixer pürieren und unter den Quark rühren. Im Kühlschrank nur einige wenige Tage haltbar.

# Blaubeerquark

*100 g Quark / 2-3 EL Milch / 50 g Blaubeeren / 1 EL Honig*

Den Quark mit der Milch cremig rühren. Die Hälfte der Blaubeeren mit einer Gabel grob zerdrücken. Zusammen mit dem Honig unter den Quark rühren. Die restlichen Beeren unzerkleinert untermischen.

# Pasten mit Ölsaaten und Nüssen

# Tahin-Creme

*250 g Sesam / Meersalz / Sesamöl*

Den Sesam in einer trockenen Pfanne unter Rühren goldgelb rösten. Im Mixer oder Mörser möglichst fein pürieren. Mit Meersalz abschmecken. Das hausgemachte Tahin mit etwas Sesamöl zu einer streichfähigen Paste verrühren. Tahin ist sehr fetthaltig. Im Kühlschrank ist es einige Wochen haltbar.

# Kräuter-Tahin

*5 EL Tahin / 4 EL Wasser / 1 Knoblauchzehe / 1 EL Zitronensaft /*
*Pfeffer / Meersalz / 1 Prise Thymian /*
*frische Kräuter nach Geschmack*

Tahin, Joghurt und Zitronensaft zu einem glatten Brei rühren. Die Knoblauchzehe hineinpressen. Mit Pfeffer, Meersalz, Thymian und kleingehackten Kräutern abschmecken.

# Tahin mit Joghurt

*5 EL Tahin / 4 EL Joghurt / 1 EL Zitronensaft / 1 Knoblauchzehe /*
*Pfeffer / Meersalz*

Tahin, Joghurt und Zitronensaft zu einem glatten Brei rühren.
Die Knoblauchzehe hineinpressen. Mit Pfeffer und Meersalz abschmecken.

# Pikantes Tahin

*5 EL Tahin / 2 EL Sojasauce / 1 EL Sesam /*
*1 EL Öl / Kräuter nach Geschmack*

Das Tahin mit der Sojasauce und dem Öl zu einem glatten Brei
verrühren. Den Sesam in einer trockenen Pfanne rösten, die
Kräuter feinschneiden. Alle Zutaten miteinander vermischen.

# Sonnenblumenkernpaste

*100 g Sonnenblumenkerne, geschält / 50 g Butter /*
*1 TL Honig / 1 TL Zitronensaft*

Die Sonnenblumenkerne in einer trockenen Pfanne goldgelb rösten. Im Mörser zerstoßen. Die Butter weich rühren und mit den Sonnenblumenkernen, Honig und Zitronensaft zu einer Paste rühren.


# Kürbiskernaufstrich

*100 g Kürbiskerne / 75 g Butter / 4 EL Rosinen / 1 TL Zitronensaft*

Die Kürbiskerne schälen und in einer trockenen Pfanne rösten. Im Mörser zerstoßen. Butter und Rosinen im Mixer zu einer geschmeidigen Paste mischen, Kürbiskerne und Zitronensaft unterrühren.

# Erdnuß-Curry-Creme

*100 g Erdnüsse / 20 ml Öl / 1-2 TL Curry / Kräutersalz*

Die Erdnüsse in einer trockenen Pfanne goldgelb rösten. Mit Öl und Curry im Mixer pürieren. Mit Kräutersalz abschmecken.

Tip: Ganz besonders lecker schmeckt Roggenvollkornbrot mit Erdnuß-Curry-Creme bestrichen und mit Bananenscheiben belegt! Öl, das sich während des Lagerns oben absetzt, immer wieder einrühren. Sonst wird die Masse zu trocken.


# Maronencreme

*150 g Maronen / Meersalz / 1 l Wasser / 50 g Crème fraîche /
1 TL Zitronensaft / Kräutersalz / Pfeffer / Muskatnuß*

Die Maronen am flachen Ende kreuzweise einschneiden und in Salzwasser in 35-45 Minuten kochen. Das Kochwasser abgießen, die Maronen schälen, auch das dunkle Innenhäutchen entfernen. Die Maronen noch heiß pürieren, abkühlen lassen. Mit Crème fraîche und Zitronensaft zu einer glatten Masse verarbeiten, mit den Gewürzen pikant abschmecken.

# Mandel-Möhren-Aufstrich

*5 EL Mandeln / 1 Möhre / 50 g Tofu / 1 EL Öl /*
*1 TL Zitronensaft / einige Sellerieblätter / Meersalz*

Die Mandeln mahlen, die Möhre fein reiben. Den Tofu mit Öl und Zitronensaft im Mixer cremig schlagen. Mandeln und Karottenraspel unterrühren. Mit kleingeschnittenen Sellerieblättern und Meersalz würzen.

# Miso-Nuß-Aufstrich

*100 g Walnüsse / 1 TL Miso / 100 ml Wasser*

Die Walnüsse in einer trockenen Pfanne goldgelb rösten. Dabei ständig Rühren, damit sie nicht anbrennen. Die Nüsse in einer Nußmühle fein mahlen, im Mörser weiter zu einer Art Nußbutter zerstoßen. Das Miso mit Wasser anrühren, zu den Nüssen geben und zu einer glatten Masse verarbeiten.

# Erdnuß-Knoblauch-Creme

*100 g Erdnüsse / 20 ml Öl / 2 Knoblauchzehen / 1/2 TL Sojasauce*

Die Erdnüsse in einer trockenen Pfanne goldgelb rösten. Mit etwas Öl im Mixer portionsweise pürieren. Die Knoblauchzehen pressen und unterrühren. Mit Sojasauce abschmecken.

Tip: Öl, das sich während des Lagerns oben absetzt, immer wieder einrühren. Sonst wird die Masse zu trocken.

# Sesam-Sellerie-Aufstrich

*5 EL Sesam / 5 EL Sonnenblumenkerne / 1 kleine Sellerieknolle /*
*1 Zwiebel / 1 EL Zitronensaft / 2 EL Öl / 2 Knoblauchzehen /*
*1/2 TL Sojasauce / frische Petersilie*

Sesam und Sonnenblumenkerne im Mixer zu einer glatten Paste pürieren. Den Sellerie schälen und fein raspeln, die Zwiebel fein hacken. Knoblauchzehen pressen, die Petersilie fein hacken. Zusammen mit den restlichen Zutaten ebenfalls in den Mixer geben und glattrühren.

Tip: Dieser Aufstrich schmeckt auch sehr lecker als Dip für Rohkoststifte oder als Füllung roher Gemüse.

# Erdnußbutter "pikant"

*250 g Erdnüsse / 1 TL Sojasauce / 50 ml Öl*

Erdnüsse in einer trockenen Pfanne goldgelb rösten. Mit etwas Öl im Mixer portionsweise pürieren. Mit Sojasauce abschmecken.
Tip: Öl, das sich oben absetzt, immer wieder einrühren. Sonst wird die Masse zu trocken.

# Tahin mit Apfelmus

*4 EL Tahin / 150 ml Apfelmus / Honig nach Geschmack*

Das Tahin mit dem Apfelmus verrühren. Nach Bedarf etwas Honig hinzufügen.
Tip: Tahin mit Apfelmus schmeckt auch sehr lecker als Füllung von Buchweizenpfannkuchen.

# Mohnpaste

*1 Tasse Mohn / 1/4 l Milch / Honig nach Geschmack /*
*2 EL Rosinen / 6 EL Mandeln*

Den Mohn fein mahlen oder quetschen. Zur Not geht das auch in einem Mörser. Die Milch zum Kochen bringen und den Mohn einrühren. Vom Herd nehmen und 15-20 Minuten quellen lassen. Die Hälfte der Mandeln fein mahlen, die andere Hälfte hacken. Zusammen mit Honig und Rosinen unter die Mohnmasse rühren.

# Marzipanpaste

*100 g Mandeln / 50 g Honig / 100 g Butter 1/2 TL Rosenwasser*

Die Mandeln kurz in heißem Wasser brühen und die Haut abziehen. In einer Nußmühle möglichst fein mahlen. Die Butter weichrühren, Honig und gemahlene Mandeln untermischen und mit Rosenwasser aromatisieren.

# Erdnußbutter "süß"

*250 g Erdnüsse / 1 EL Honig / 50 ml Öl*

Die Erdnüsse in einer trockenen Pfanne goldgelb rösten. Mit Öl im Mixer portionsweise pürieren. Mit Honig abschmecken.

Tip: Öl, das sich oben absetzt, immer wieder einrühren. Sonst wird die Masse zu trocken.

# Schoko-Nuß-Creme

*100 g Mandeln / 2-3 EL Öl / 1-2 EL Honig /*
*1 EL Kakao- oder Carobpulver / 1 MSP Vanillepulver /*
*1 Prise Zimt*

Die Mandeln sehr fein mahlen. Öl, Honig und das Schokopulver miteinander mischen. Im Mixer mit den Mandeln zu einer homogenen Masse verarbeiten. Mit Vanillepulver und Zimt abschmecken.

# Mandel-Bananen-Creme

*4 EL Mandeln / 1 Banane / 1 EL Honig /*
*1 Prise Meersalz / 1 MSP Zimt*

Die Mandeln fein mahlen. Im Mixer mit der Banane pürieren. Mit Meersalz und Zimt abschmecken. Dieser Aufstrich ist im Kühlschrank nur begrenzt haltbar.

# Trauben-Nuß-Creme

*100 g Mandeln / 2-3 EL Öl / 1-2 EL Honig / 1 EL Kakao- oder*
*Carobpulver / 1 MSP Vanillepulver / 2 EL Rosinen*

Die Mandeln sehr fein mahlen. Öl, Honig und das Schokopulver miteinander mischen. Im Mixer mit den Mandeln zu einer homogenen Masse verarbieten. Die Rosinen etwas kleinschneiden. Unter die Creme rühren. Mit Vanillepulver abschmecken.

# Mandelmus

*250 g Mandeln / 50 ml Öl oder 125 g Butter / 1 EL Honig /*
*1 Tropfen Bittermandelöl*

Mandeln kurz in heißem Wasser überbrühen, mit kaltem Wasser abschrecken und die Haut abziehen. Mandeln fein mahlen und im Mixer mit Öl oder weicher Butter pürieren. Mit Honig und Bittermandelöl abschmecken.

# Haselnußmus

*250 g Haselnüsse / 50 ml Öl oder 125 g Butter / 1 EL Honig*

Die Haselnüsse grob hacken und in einer trockenen Pfanne goldgelb rösten. Im Mixer mit Öl oder weicher Butter portionsweise pürieren. Mit Honig abschmecken.

# Erdnußmus-Spirale

*125 g Erdnüsse / 1 TL Honig / 25 ml Öl / 1 Tasse Dörrpflaumen /*
*Wasser / 1 TL Honig*

Die Erdnüsse in einer trockenen Pfanne goldgelb rösten. Mit etwas Öl im Mixer portionsweise pürieren. Das Mus mit Honig abschmecken. Die Dörrpflaumen über Nacht in Wasser einweichen. Im Mixer pürieren und mit Honig süßen. Immer abwechselnd eine Schicht Erdnußmus und eine Schicht Pflaumenmus in ein Glas schichten. Mit einem dünnen Holzstäbchen vorsichtig in eine Richtung rühren, damit sich die Schichten etwas vermischen und eine Art Spiralmuster entsteht.

Tip: Das Spiralmuster wirkt durch den Farbkontrast von Erdnußmus und dem Püree aus Dörrpflaumen. Man kann so ein Muster natürlich auch mit verschiedenfarbigen Marmeladen oder anderen Aufstrichen machen. Wichtig ist dabei, daß die Aufstriche geschmacklich harmonieren. Außerdem sollte die Konsistenz nicht zu dünnflüssig sein.

# Walnußmus

*250 g Walnüsse / 50 ml Öl oder 125 g Butter / 1 EL Honig*

Die Walnüsse grob hacken und in einer trockenen Pfanne gold-gelb rösten. Im Mixer mit Öl oder weicher Butter portionsweise pürieren. Mit Honig abschmecken.

# Aufstriche mit Hülsenfrüchten

# Grundrezept

## Aufstrich aus Hülsenfrüchten

*100 g Hülsenfrüchte z.B. Erbsen, braune Bohnen, Linsen, Feuerbohnen / 1 kleine Zwiebel / (1 EL Öl) / 1 Knoblauchzehe / 1 EL gehackte Kräuter / 1 EL Tahin oder Öl / Kochflüssigkeit / Salz / Pfeffer*

Die Hülsenfrüchte über Nacht einweichen. Unter fließendem Wasser gründlich abspülen. Im Dampfdrucktopf weich kochen.

Die Hülsenfrüchte durch ein Sieb passieren. Die Zwiebel kleinschneiden und nach Belieben in etwas Öl sautieren. Den Knoblauch pressen, die Kräuter fein hacken. Zu dem Püree geben.

Tahin oder Öl unterrühren. Wenn das Püree noch nicht streichfähig genug ist, mit etwas Kochflüssigkeit verdünnen. Mit Salz und Pfeffer abschmecken.

Variationen: Hefeflocken, Zitronensaft, Apfelessig, verschiedene Kräuter und Gewürze, Gemüse.

# Hummous

*100 g Kichererbsen / 1 Lorbeerblatt / 200 g Tofu /*
*1/2 Tasse Zitronensaft / 2-3 Knoblauchzehen / 1 TL Meersalz /*
*2 EL Tahin / Chilipulver*

Die Kichererbsen über Nacht in der doppelten Menge Wasser einweichen. Unter fließendem Wasser abspülen. Zusammen mit dem Lorbeerblatt im Dampfdrucktopf in einer halben Stunde weich kochen.

Den Knoblauch pressen. Alle Zutaten im Mixer pürieren. Einige Stunden im Kühlschrank durchziehen lassen. Eventuell noch mal nachwürzen.

Tip: Hummous schmeckt nicht nur als Brotaufstrich, sondern auch als Dip zu frischem Gemüse.

# Bohnenpüree

*100 g braune Bohnen / Bohnenkraut / 1 kleine Zwiebel / 1 EL Öl /
2 Knoblauchzehen / 1 EL gehackte Petersilie / 1 EL Öl /
Meersalz / schwarzer Pfeffer*

Die Bohnen über Nacht in der doppelten Menge Wasser einweichen. Die Bohnen unter fließendem Wasser abspülen und mit der 1 1/2fachen Menge Wasser und etwas Bohnenkraut eine halbe Stunde im Dampfdrucktopf weichkochen. Abkühlen lassen.

Die Bohnen durch ein Sieb passieren. Die Zwiebel fein schneiden, die Knoblauchzehen pressen und beides kurz in Öl sautieren. Mit dem Bohnenpüree und der gehackten Petersilie mischen. Damit das Püree streichfähiger wird, 1 Eßlöffel Öl unterrühren. Mit Salz und Pfeffer würzen.

# Bohnenpüree Luise

*100 g Feuerbohnen / Eigelb von 2 hartgekochten Eiern /*
*2 EL Joghurt / Muskatnuß / Pfeffer / Meersalz*

Die Feuerbohnen über Nacht in der doppelten Menge Wasser einweichen. Die Bohnen unter fließendem Wasser abspülen und mit der 1 1/2fachen Menge Wasser eine halbe Stunde im Dampfdrucktopf weichkochen. Sie sollten sich leicht zerdrücken lassen.

Die Bohnen durch ein Sieb passieren. Die Eigelb mit einer Gabel zerdrücken. Alle Zutaten im Mixer glatt pürieren. Mit Muskatnuß, Pfeffer und Meersalz abschmecken.

# Püree aus roten Linsen

*100 g rote Linsen / Bohnenkraut / 1/2 TL Basilikum /*
*1/4 TL Oregano / 1/4 TL Thymian / 1 kleine Peperonischote /*
*2 EL Tomatenmark / Meersalz / Chilipfeffer /*
*Knoblauch nach Belieben*

Die Linsen über Nacht in der doppelten Menge Wasser einweichen. Die Linsen unter fließendem Wasser abspülen und mit der 1 1/2fachen Menge Wasser und etwas Bohnenkraut in einer halben Stunde weichkochen. Abkühlen lassen.

Die Kräuter fein schneiden, die Peperonischote fein hacken, Knoblauch pressen.

Alle Zutaten im Mixer zu einer cremigen Paste verarbeiten.

# Linsenpaste mit Oliven

*100 g Linsen / 100 g schwarze Oliven / 3 EL Olivenöl /*
*1 Zwiebel / 1 EL Öl / 2 Knoblauchzehen /*
*Kräuter der Provence / Kräutersalz*

Die Linsen über Nacht in der doppelten Menge Wasser einweichen. Die Linsen unter fließendem gut Wasser abspülen und mit der 1 1/2-fachen Menge Wasser in einer halben Stunde weichkochen. Abkühlen lassen.

Die Oliven entsteinen und zusammen mit den Linsen und dem Öl pürieren. Die Zwiebel sehr fein hacken, in etwas Öl sautieren und zur Paste geben. Mit Knoblauch, Kräutern der Provence und Kräutersalz abschmecken.

Im Kühlschrank einige Stunden durchziehen lassen.

# Kräuter-Paste

*100 g Sojabohnen / 2 EL Sojasauce / 1 EL Öl / 1 TL Miso /*
*1 EL Dill / Petersilie / 2 Knoblauchzehen / 1 TL Bohnenkraut /*
*Curry / Paprika nach Geschmack*

Die Sojabohnen über Nacht in der doppelten Menge Wasser
einweichen. Das Einweichwasser weggießen. Die Bohnen unter
fließendem Wasser abspülen und mit der 1 1/2fachen Menge Wasser eine halbe Stunde im Dampfdrucktopf weichkochen. Sie sollten sich leicht zerdrücken lassen.

Die Kräuter kleinschneiden, die Knoblauchzehen pressen. Alle
Zutaten im Mixer zu einer cremigen Paste pürieren.

# Maroni-Paste

*100 g Sojabohnen / 200 g Maronen / 1 EL Sojasauce / 2-3 EL Öl /*
*etwas Wasser oder Sojamilch / Kräutersalz*

Die Sojabohnen über Nacht in der doppelten Menge Wasser einweichen. Das Einweichwasser weggießen. Die Bohnen unter fließendem Wasser abspülen und mit der 1 1/2fachen Menge Wasser eine halbe Stunde im Dampfdrucktopf weichkochen. Sie sollten sich leicht zerdrücken lassen.

Die Maronen an den flachen Seiten kreuzweise einschneiden und im Backofen bei 150 Grad 30-45 Minuten backen. Schälen und die dünne braune Haut entfernen.

Die gekochten Sojabohnen mit den Maronen und den restlichen Zutaten im Mixer zu einer feinen Paste pürieren. Mit Kräutersalz abschmecken.

# Sojannaise

*1/4 l Sojamilch / 200 ml Sojaöl / 1 EL Essig / 1 TL Kräutersalz /*
*1/4 TL Honig / 1 kleine gekochte Kartoffel*

Die Sojamilch mit der Hälfte des Öls im Mixer bei hoher Geschwindigkeit 1 Minute mixen. Das restliche Öl langsam dazugießen, während der Mixer weiterläuft. Die restlichen Zutaten ebenfalls unterrühren. Die Sojannaise mindestens 1 Stunde kalt stellen. Sie steift dadurch noch wesentlich nach.

Sojannaise als Brotaufstrich ist besonders lecker, wenn sie noch mit Gemüse- oder Obstscheiben kombiniert wird.

Tip: Sojannaise läßt sich besonders einfach einfärben. Damit lassen sich tolle optische Effekte erzielen. Beispielsweise kann man unterschiedlich gefärbte Sojannaise in Schichten in ein Glas füllen. Zum Einfärben eignen sich Curry, Paprikapulver, Curcuma, Möhren, Rote Bete, Avokado und Gurke.

# Senf-Paste

*100 g Sojabohnen / 2 EL Sojasauce / 1 EL Öl / 1 EL Senf /*
*etwas Zitronensaft / Meersalz / frischer Thymian*

Die Sojabohnen über Nacht in der doppelten Menge Wasser einweichen. Das Einweichwasser weggießen. Die Bohnen unter fließendem Wasser abspülen und mit der 1 1/2fachen Menge Wasser eine halbe Stunde im Dampfdrucktopf weichkochen. Sie sollten sich leicht zerdrücken lassen.

Den Thymian fein hacken. Alle Zutaten im Mixer zu einer cremigen Paste verrühren.

# Miso-Orangen-Aufstrich

*5 EL Tahin / 1 EL Miso / 3 EL Wasser /*
*1 TL abgeriebene Orangenschale*

Das Tahin mit Miso und Wasser zu einer glatten Paste verrühren. Die Orangenschale unter die Paste mischen.

Dieser Aufstrich ist ein guter Ersatz für Margarine oder Butter.

# Miso-Zwiebel-Aufstrich

*5 EL Tahin / 1 EL Miso / 3 EL Wasser / 1 Zwiebel /*
*1 EL Öl / 1 EL frische Kräuter*

Das Tahin mit Miso und Wasser zu einer glatten Paste verrühren. Die Zwiebel fein hacken und in heißem Öl sautieren. Die Kräuter fein hacken und zusammen mit der Zwiebel unter die Creme rühren.

# Walnuß-Miso-Aufstrich

*1 Tasse Walnüsse / 1/4 Tasse Miso / 1/4 Tasse heißes Wasser*

Die Walnüsse in einer trockenen Pfanne rösten, bis sie leicht angebräunt sind. Abkühlen lassen und fein mahlen. Das Miso mit heißem Wasser und den Nüssen zu einer cremigen Paste anrühren.

Tip: Mit etwas mehr Wasser erhält man eine leckere Sauce für Obst- und Gemüsesalate.

# Miso-Oliven-Paste

*2 EL Miso / 4 EL Oliven / 1 TL Zitronensaft /*
*1 EL Tahin / Oregano*

Die Oliven entsteinen und zerkleinern. Das Miso mit Zitronensaft und Tahin anrühren, die Oliven untermischen. Mit Oregano würzen.

# Miso-Knoblauch-Paste

*2 EL Miso / 3 Knoblauchzehen / 2 EL frische Kräuter /*
*3 EL Tahin*

Die Knoblauchzehen pressen, die Kräuter fein hacken. Das Miso mit etwas Wasser anrühren. Alle Zutaten im Mixer zu einer glatten Paste verrühren.

# Miso-Avocado-Paste

*2 Avocados / 2 TL Miso / 2 Knoblauchzehen /
1 EL Zitronensaft / 1 EL Hefeflocken*

Die Avocados halbieren, den Kern herauslösen und mit einem
Löffel das Fruchtfleisch herauskratzen. Das Miso mit Zitronensaft
anrühren, die Knoblauchzehen pressen und alles miteinander zu
einer glatten Paste verrühren.


# Miso-Apfel-Paste

*2 EL Miso / 1 Apfel / 1 EL Zitronensaft / 1 EL Erdnußmus /
1 EL Sirup oder Honig*

Den Apfel vom Kerngehäuse befreien und fein raspeln. Sofort
mit Zitronensaft beträufeln, damit er nicht braun wird.
Alle Zutaten im Mixer zu einer feinen Paste mischen.

# Miso-Dattel-Paste

*2 Datteln / 2 EL Miso / 1 EL Sirup oder Honig / 2 EL Zitronensaft*

Die Datteln entsteinen. Das Miso mit Sirup oder Honig und Zitronensaft anrühren und mit den zerkleinerten Datteln mischen.

# Miso-Pfirsich-Paste

*1 EL Miso / 3 reife Pfirsiche / 1/2 Tasse Wasser / 100 g Rosinen /*
*100 g Haselnüsse / 1 MSP Zimt / 1 Prise Nelkenpulver /*
*1 TL Honig*

Die Pfirsiche entkernen und mit Wasser und Rosinen 10 Minuten leicht köcheln lassen. Die Haselnüsse in einer trockenen Pfanne rösten und fein mahlen. Das Miso mit Honig und Gewürzen anrühren. Pfirsiche, Rosinen und Miso im Mixer pürieren. Die gemahlenen Haselnüsse unterrühren.

# Wasserkresse-Aufstrich

*1 Bündel frische Wasserkresse / 1 Stange Lauch / 1 TL Sesamöl /*
*2 TL Miso / 2 TL Tahin*

Die Wasserkresse grob hacken. Den Lauch in sehr feine Ringe schneiden und in heißem Sesamöl sautieren. Die Wasserkresse dazugeben und 2 Minuten mitschmoren lassen. Das Miso mit etwas Wasser anrühren und zusammen mit dem Tahin zu dem Gemüse geben. Im Mixer pürieren.

# Miso-Erdnuß-Paste

*2 EL Miso / 2 EL Erdnußmus / 2 EL Honig / 2 EL Zitronensaft*

Alle Zutaten im Mixer zu eine glatten Paste verrühren.

# Miso-Sesam-Paste

*4 EL Sesam / 2 EL Miso / 1 EL Honig / 1 EL Zitronensaft /*
*1 TL geriebene Zitronenschale*

Den Sesam in einer trockenen Pfanne goldgelb rösten. In einem
Mörser grob zerstoßen. Das Miso mit Zitronensaft anrühren. Alle
Zutaten im Mixer zu einer glatten Paste pürieren.

# Nuß-Miso-Paste

*200 g Nüsse (Wal-, Hasel- oder Erdnüsse) / 4 EL Miso /*
*1 EL Honig / 2 EL Fruchtsaft*

Die Nüsse möglichst fein hacken. Das Miso mit Honig und
Fruchtsaft anrühren. Alle Zutaten im Mixer zu einer feinen Paste
pürieren.

# Trockenobst-Aufstrich

*100 g Sojabohnen / 1/2 Tasse Trockenobst / 1 Prise Salz*

Die Sojabohnen über Nacht in der doppelten Menge Wasser einweichen. Das Einweichwasser weggießen. Die Bohnen unter fließendem Wasser abspülen und mit der 1 1/2-fachen Menge Wasser eine halbe Stunde im Dampfdrucktopf weichkochen. Sie sollten sich leicht zerdrücken lassen.

Das Trockenobst ebenfalls über Nacht einweichen. Zusammen mit den Sojabohnen und einer Prise Salz im Mixer zu einer cremigen Paste pürieren.

# Aufstriche mit Tofu

# Grundrezept

## Tofu

*500 g Sojabohnen / 2 l Einweichwasser / 4 l Kochwasser /*
*ca. 15 g Nigari*

Die Sojabohnen in kaltem Wasser etwa 12 Stunden einweichen. Das Einweichwasser abgießen, die Bohnen unter fließendem Wasser spülen, abtropfen lassen. Die Sojabohnen mit etwas Wasser im Mixer zu einer feinen, körnigen Paste pürieren. 4 Liter Wasser in einem großen Topf zum Kochen bringen. Die Sojabohnenpaste hineinrühren und unter Rühren 15 Minuten kochen lassen. Vorsicht, die Masse schäumt leicht über!

Ein Sieb mit einem Mulltuch auslegen, das Sieb über ein großes Gefäß hängen. Die gekochte Masse in das Sieb schöpfen, vorsichtig rühren. Das Tuch zusammendrehen und kräftig auspressen. Heraus fließt Sojamilch. Der Preßrüßckstand, die Sojakleie (Okara), kann getrocknet werden und ist wie Paniermehl einsetzbar.

Die Sojamilch auf etwa 70 Grad abkühlen. Das Nigari in 1/8 Liter heißem Wasser auflösen. Ein Drittel davon in die Sojamilch einrühren. 5 Minuten ruhen lassen. Das nächste Drittel vorsichtig einrühren, wieder ruhen lassen, dann den Rest einrühren. Nach etwa 15 Minuten hat sich eine gelblich-klare Flüssigkeit gebildet, in der flockige "Klumpen" herumschwimmen.

Ein Sieb mit einem Mulltuch auslegen, die Masse hineingießen, die Molke läuft nun ab. Sie kann aufgefangen werden und wird genau wie "Kuhmilch-Molke" verwandt. Die Masse im Tuch pressen, so daß möglichst viel Molke austreten kann. Damit der Tofu fester wird, das Tuch noch eine Viertelstunde lang mit Gewichten von 2 bis 4 Kilo beschweren. Den fertigen Tofu entweder sofort weiterverarbeiten oder mit Wasser bedeckt im Kühlschrank aufbewahren. Wird das Wasser täglich gewechselt, ist Tofu etwa 10 Tage lang haltbar. Aus 500 Gramm Sojabohnen erhält man etwa 800 Gramm oder mehr Tofu.

Tofu ist fast universell einsetzbar. Da er relativ geschmacksneutral ist, eignet er sich sowohl für süße als auch für pikante Gerichte. In Würfel geschnitten kann man ihn marinieren, braten und räuchern, er läßt sich zu Cremes, Füllungen und Aufstrichen verarbeiten. Tofu läßt sich übrigens problemlos als Quarkersatz verwenden.

Aus Sojamilch läßt sich auch eine Art Joghurt herstellen. Dazu einfach 1 Liter frische Sojamilch auf etwa 40 Grad abkühlen lassen, mit Joghurt-Kulturen "impfen" und 6 Stunden bei etwa 35 Grad säuern lassen. Einige Eßlöffel Sojagurth dienen das nächste Mal als "Starter".

Tip: Das Gerinnungsmittel Nigari kann auch selbst gemacht werden. 1 Kilo Meersalz mit 1 Tasse Wasser in einen Leinensack geben und frei aufhängen. Die abtropfende Flüssigkeit ist Nigari. Essig oder Zitronensaft können auch als Gerinnungsmittel genommen werden. Allerdings ist dann die Ausbeute an Tofu nicht so groß.

# Tofu-Paste

*250 g Tofu / 1 EL Miso / 1 EL Hefeflocken / 1 EL Öl /*
*1 EL Kräuter der Provence / 1 EL Sojasauce /*
*1 Knoblauchzehe / 1 TL Senf*

Den Tofu zerkrümeln. Im Mixer mit Miso, Hefeflocken und Öl
fein pürieren. Die Knoblauchzehe pressen, zusammen mit den anderen Würzzutaten zur Tofu-Paste geben und abschmecken.


# Grüner Tofu

*200 g Tofu / 1 EL Öl / 1 TL Zitronensaft / 1 TL Kräutersalz /*
*je 1 EL Sauerampfer, Zitronenmelisse, Dill, Petersilie,*
*Schnittlauch und Kresse*

Den Tofu zerkrümeln. Mit Öl, Zitronensaft und Kräutersalz zu
einer glatten Paste rühren. Die Kräuter fein hacken und unter den
Tofu rühren.

# Champignon-Tofu

*200 g Tofu / 50 g Champignons / 1 kleine Zwiebel /*
*1 Knoblauchzehe / 2 EL Öl / 1 TL Kräutersalz*

Die Champignons putzen, die Zwiebel fein hacken, die Knoblauchzehe pressen. In Öl andünsten, vom Herd nehmen und etwas abkühlen lassen. Den Tofu zerkrümeln, mit Kräutersalz würzen. Die Champignonmasse dazugeben und gut unterrühren.

# Tofu-Bananen-Aufstrich

*200 g Tofu / 1 Banane / 1 EL Zitronensaft / 2 EL Erdnußmus /*
*1 EL Honig / Kräutersalz / 1 MSP Curry*

Den Tofu zerkrümeln. Im Mixer mit der Banane, Zitronensaft, Erdnußmus und Honig pürieren. Mit Kräutersalz und Curry abschmecken.

Tip: Paßt besonders gut zu Roggenbrot!

# Tofu-Schoko-Aufstrich

*200 g Tofu / 2 EL Kakao- oder Carobpulver / 1 Prise Salz /*
*1 EL Honig / 1/2 TL Vanillepulver*

Den Tofu grob zerkrümeln. Das Kakao- oder Carobpulver mit Honig anrühren. Alle Zutaten im Mixer zu einer cremigen Paste mixen.

Tip: Durch Zugabe von 1-2 Eßlöffeln Öl wird der Aufstrich noch cremiger!

# Tofu-Erdbeer-Aufstrich

*200 g Tofu / 200 g Erdbeeren / 1 EL Honig / 1 TL Zitronensaft /*
*1 MSP Vanillepulver / 1/2 TL Zimt*

Den Tofu grob zerkrümeln. Die Erdbeeren putzen, waschen und halbieren. Tofu und Honig dazugeben und zu einer glatten Creme verarbeiten. Mit Zitronensaft und den Gewürzen abschmecken.

Tip: Tofu-Erdbeer-Aufstrich eignet sich auch gut als Füllung für Vollkorn-Bisquitrollen!

# Tofu-Dattel-Paste

*200 g Tofu / 100 g Datteln / 2 EL Öl / Honig nach Geschmack*

Die Datteln über Nacht in Wasser einweichen. Den Tofu zerkrümeln. Tofu, Datteln und Öl im Mixer zu einer cremigen Paste pürieren. Mit Honig abschmecken.

# Goldener Tofu

*200 g Tofu / 1 kleine Karotte / 2 EL Rosinen / 1 EL Nüsse /
2 EL Öl / 1 TL Zitronensaft / 1 EL Honig*

Den Tofu zerkrümeln. Die Karotte sehr fein reiben, die Rosinen und die Nüsse sehr fein hacken. Mit dem Tofu und Öl zu einer glatten Paste verarbeiten. Honig und Zitronensaft nach Geschmack dazugeben.

# Tofuaufstrich pikant

*200 g Tofu / 1 EL Miso / 1 EL Wasser / 2 Knoblauchzehen /*
*1 EL Hefeflocken / 2 EL Öl / 1 EL Thymian / 1 TL Bohnenkraut /*
*1 EL Kräuter der Provence / 1 TL Senf*

Den Tofu zerkrümeln, das Miso mit Wasser anrühren, die Knoblauchzehen pressen. Alle Zutaten im Mixer zu einer glatten Masse verarbeiten.

# Tofu-Tomaten-Paste

*200 g Tofu / 4 EL Tomatenmark / 1 kleine Zwiebel /*
*1-2 Knoblauchzehen / 3 EL Öl / Pfeffer / Meersalz /*
*Oregano / frisches Basilikum*

Den Tofu zerkrümeln und das Tomatenmark dazugeben. Die Zwiebel fein hacken, Knoblauch pressen und in dem Öl kurz andünsten. Zu dem Tofu geben und mit einer Gabel zu einer Paste verarbeiten. Mit Pfeffer, Salz und Kräutern abschmecken.

Tip: Wenn's mal fix gehen soll, kann man diesen Aufstrich auch aufwärmen. Zusammen mit Vollkorn-Spaghetti oder als "Belag" für eine Vollkornpizza eine schnelle Mahlzeit.

# Tofu-Mayonnaise

*200 g Tofu / 4 EL Öl / 1 EL Zitronensaft / 1 TL Meersalz*

Den Tofu zerkrümeln. Mit den anderen Zutaten im Mixer cremig schlagen. Nach Belieben noch etwas Honig oder Sojamilch hinzufügen.

# Oliven-Walnuß-Tofu

*200 g Tofu / 1 EL Öl / 1 TL Honig / 1/2 TL Miso /*
*100 g entkernte Oliven / 1 EL Zitronensaft /*
*50 g Walnüsse*

Den Tofu zerkrümeln. Im Mixer mit Öl, Honig, Miso, Oliven und Zitronensaft pürieren. Die Walnüsse in einer trockenen Pfanne goldgelb rösten, grob hacken und unter die Paste rühren.

# Tofu-Avocado-Paste

*200 g Tofu / 1 Avocado / 1 TL Miso / 1 TL Öl / 1 EL Zitronensaft*

Tofu zerkrümeln, die Avocado mit einer Gabel zermusen. Mit den restlichen Zutaten im Mixer zu einer glatten Creme verarbeiten.

# Aufstriche mit Gemüse

# Karottencreme

*250 g Karotten / Saft einer halben Zitrone / 1 Tasse Kartoffelbrei /
1 EL Sesam / frischer Thymian / Salz / Pfeffer*

Die Karotten kochen, abkühlen lassen und auf der Rohkostreibe fein reiben. Mit den übrigen Zutaten mischen und abschmecken.

Vor dem Verzehr eine halbe Stunde ziehen lassen.

Tip: Statt Kartoffelbrei kann auch Frischkäse genommen werden.

Die Karotten können auch durch andere gekochte Gemüse (z.B. Pastinaken, Wurzelpetersilie, Sellerie oder Rote Bete) ersetzt werden.

# Frühstücksbelag

*1 große Karotte / 1 Kartoffel / 4 Champignons /
einige Blumenkohlröschen / 1 hartgekochtes Ei /
1/2 Tasse Hirseflocken / 1 Zwiebel /
2 Knoblauchzehen / Salz / Pfeffer*

Die Gemüse weichkochen, kleinschneiden, und in der Küchenmaschine zusammen mit dem Ei zu einer geschmeidigen Gemüsecreme verarbeiten. Nach und nach die Hirseflocken dazugeben. Darauf achten, daß die Hirseflocken aufquellen und die Flüssigkeit ziemlich schnell binden. Zwiebeln hacken, Knoblauch pressen und den Frühstücksbelag damit abschmecken.

Mit gehackter Petersilie und Olivenscheiben garniert servieren. Hält sich 3-4 Tage im Kühlschrank.

# Kohlrabi-Creme

*500 g Kohlrabi / 2 EL Zitronensaft / 200 ml Crème fraîche /
1 kleine Zwiebel / 2 EL frische Kräuter / Kräutersalz*

Kohlrabi putzen und schälen, in kleine Stückchen schneiden und in wenig Wasser etwa 20 Minuten garen. Das Kochwasser abgießen (z.B. als Suppengrundlage weiterverwenden) und die Kohlrabi pürieren. Zitronensaft und Crème fraîche unterrühren. Die Zwiebel sehr fein würfeln und ebenfalls untermischen. Mit frischen Kräutern und Kräutersalz abschmecken. Gut gekühlt servieren.

Tip: Kohlrabi-Creme schmeckt auch sehr gut als Gemüsebeilage.

# Rosenkohlpastete

*1 kleine Stange Porree / 100 g Rosenkohl / 1 EL Sojasauce /*
*100 ml Sahne / 1/2 Tasse Hirseflocken / 100 g Champignons /*
*3 EL Öl / 3 EL Hefeflocken / 2 Knoblauchzehen /*
*Kräutersalz*

Porree in dünne Ringe, Rosenkohl in kleine Stückchen schneiden und beides mit Sojasauce, Sahne und Hirseflocken mischen. Die Champignons feinblättrig schneiden und in heißem Öl dünsten. Mit den Hefeflocken und dem gepreßtem Knoblauch mischen. Alle Zutaten miteinander mischen und mit Kräutersalz abschmecken. In eine gefettete Back- oder Auflaufform füllen, und im vorgeheizten Backofen bei 180 Grad etwa 35 Minuten backen.

Die Pastete abkühlen lassen und in Scheiben aufgeschnitten als Brotbelag essen.

# Kartoffel-Aufstrich

*4 Kartoffeln / Gemüsebrühe / 1 EL Miso / 1 EL Öl /*
*1 EL Senf / frische Kräuter*

Die Kartoffeln in Gemüsebrühe garkochen, anschließend schälen und zerstampfen. Alle Zutaten im Mixer zu einer cremigen Paste pürieren.

# Avocadocreme

*2 reife Avocados / 1 Schalotte / 1 Knoblauchzehe /*
*1 TL Zitronensaft / Meersalz / Pfeffer /*
*frische Kräuter nach Geschmack*

Die Avocados halbieren, die Kerne entfernen und das Fruchtfleisch herauslösen. Die Zwiebel sehr fein hacken, den Knoblauch pressen. Fruchtfleisch, Zwiebelwürfel und Knoblauch mit einer Gabel zu einer möglichst glatten Creme zerdrücken. Mit Zitronensaft, Gewürzen und gehackten Kräutern abschmecken.

# Auberginencreme

*2 Auberginen / Öl / 200 g Joghurt / 2 Knoblauchzehen / Zitronen-saft / Meersalz / schwarzer Pfeffer*

Die Auberginen halbieren, die Schnittstellen mit Öl bestreichen und im vorgeheizten Backofen bei 200 Grad 45-60 Minuten backen. Das weiche Fruchtfleisch mit einem Löffel herauskratzen. Zusammen mit dem Joghurt im Mixer pürieren. Mit Zitronensaft, gepreßtem Knoblauch und den Gewürzen kräftig abschmecken. Vorsicht: der Knoblauch entfaltet seine Wirkung erst so richtig, wenn die Creme einige Zeit durchgezogen ist. Lieber noch mal nachwürzen!

Schmeckt besonders gut zu Fladenbrot und schwarzen Oliven.

# Paprikasch

*4 Paprikaschoten / 100 g Crème fraîche / 2 Knoblauchzehen /*
*Zitronensaft / Meersalz / Pfeffer*

Die Paprikaschoten waschen, trockentupfen und im vorgeheizten Backofen bei 200 Grad so lange backen, bis die Haut blasig wird. Die Schoten herausnehmen und sofort in kaltem Wasser abschrecken. Die Haut abziehen, Kerne und Stengelansatz entfernen. Das Fruchtfleisch im Mixer mit Crème fraîche, gepreßtem Knoblauch und Zitronensaft pürieren. Mit Meersalz und Pfeffer abschmecken.

Im Kühlschrank gut Stunde durchziehen lassen. Gegebenenfalls noch mal nachwürzen.

Tip: Die Crème fraîche kann ersetzt werden durch 50 Gramm Tofu und 2 Eßlöffel Öl.

# Pesto

*1 Bund Basilikum / 100 g Pinienkerne / 1 Tasse Parmesan
oder Pecorino / 5 EL Olivenöl / 2 Knoblauchzehen /
Meersalz / Pfeffer*

Das Basilikum fein hacken, die Pinienkerne in einer trockenen Pfanne kurz bräunen und ebenfalls fein hacken. Den Käse fein reiben. Im Mixer oder mit einem Mörser Basilikum und Pinienkerne möglichst fein zerkleinern. Olivenöl und gepreßten Knoblauch zugeben. Mit Meersalz und Pfeffer abschmecken. Einige Stunden durchziehen lassen.

Im Kühlschrank sehr lange haltbar.

Tip: Wenn's schnell gehen soll, schmeckt Pesto auch lecker zu Vollkornnudeln.

# Tomaten-Paste

*1 hartgekochtes Ei / 2 Knoblauchzehen / 5 EL Tomatenmark /
1 EL Olivenöl / 2 EL Hefeflocken /
Kräutersalz / Oregano*

Das Ei kleinschneiden, den Knoblauch pressen. Mit den übrigen
Zutaten im Mixer zu einer glatten Paste pürieren.

Tip: Mit etwas Wasser oder Sahne "verdünnt" und heiß gemacht, kann die Tomaten-Paste auch als schnelle Sauce zu Vollkornnudeln oder Reis gegessen werden.

# Festliche Gemüseterrine

*500 g junge Gemüse (z.B. Partytomaten, Zuckererbsen,*
*kleine Maiskolben, kleine Karotten, Prinzeßbohnen,*
*Perlzwiebeln usw.) / 1 EL Essig / 1 l Gemüsebrühe /*
*3-4 TL Agar Agar / schwarzer Pfeffer / Kräutersalz /*
*frische Kräuter/ Basilikum / Oregano / 1 Knoblauchzehe /*
*Kräutersalz / 3-4 TL Agar Agar*

Die Gemüse waschen und verlesen. In der heißen Gemüsebrühe
kurz blanchieren und falls nötig, etwas zerkleinern. Sie sollen gerade noch Biß haben. Mit einem Schaumlöffel herausfischen und
abtropfen lassen.

Die Gemüsebrühe mit Essig ansäuern. Das Agar Agar mit etwas
kaltem Wasser anrühren, in die Gemüsebrühe geben und kurz
aufwallen lassen.

Eine schön geformte Schüssel oder eine Auflaufform mit kaltem Wasser ausspülen. Etwas von der Gemüsebrühe hineingießen
und erstarren lassen. Die Gemüse ansprechend auf diesem Spiegel
anordnen. Dabei immer wieder Brühe nachgießen und fest werden
lassen. So lange wiederholen, bis alle Gemüse vollständig bedeckt
sind. Falls die Brühe in der Zwischenzeit zu dickflüssig werden
sollte, noch mal kurz aufwärmen.

Die Terrine im Kühlschrank einige Stunden auskühlen lassen.
Man kann sie direkt in der Form in Scheiben schneiden oder auf
eine Platte gestürzt servieren. Dazu kurz heißes Wasser über die
Form gießen, so löst sich das Aspik schneller.

Macht sich gut auf einem kalten Büffet oder zu einem festlichen
Brunch.

# Tomatenaspik

*1 Fleischtomate / 1/2 l Tomatensaft / Sojasauce /*
*schwarzer Pfeffer / Basilikum / Oregano /*
*1 Knoblauchzehe / Kräutersalz /*
*3-4 TL Agar Agar / Zitronensaft*

Die Tomate in kleine Stückchen schneiden. Zusammen mit dem Tomatensaft zum Kochen bringen. Mit Sojasauce gepreßtem Knoblauch, frischen Kräutern, Pfeffer und Kräutersalz pikant abschmecken. Das Agar Agar mit Zitronensaft anrühren und kurz mitkochen lassen.

Eine kleine Auflaufform mit kaltem Wasser ausspülen, die Tomatensauce hineingeben und erkalten lassen. Einige Stunden im Kühlschrank fest werden lassen.

Das Aspik in Scheiben geschnitten aufs Brot legen. Paßt besonders gut zu Roggenbrot mit Frischkäse.

Tip: Tomatenaspik ist auch lecker als kleine Vorspeise oder bei einem kalten Buffet!

# Apfel-Kartoffel-Mus

*500 g kalter Kartoffelbrei / 250 g Apfelmus / 1/2 Paprika /*
*1 Zwiebel / 1 Bund Petersilie / Gomasio*

Kartoffelbrei und Apfelmus mischen, Paprika, Zwiebel und Petersilie kleinschneiden und unterheben. Mit Gomasio abschmecken.

# Grünkohlstangen

*500 g kalter Kartoffelbrei / 3 Blätter Grünkohl /*
*1 kleine Zwiebel / 6 grüne Oliven / 2 EL Maismehl /*
*Kräutersalz / Sesam*

Grünkohl fein hacken, Zwiebel würfeln, die Oliven ebenfalls hacken. und unter den Kartoffelbrei heben. Maismehl dazugeben und mit Kräutersalz abschmecken. Mit feuchten Händen fingerdicke Stangen oder Bällchen formen und in Sesam wälzen.

Hält sich im Kühlschrank 2-3 Tage.

Tip: Der Grünkohl kann durch wildwachsendes Gemüse der Jahreszeit, z.B: Löwenzahn ersetzt werden.

# Sandwichmus

*500 g kalter Kartoffelbrei / 1 gekochtes Ei / 1 Bund Schnittlauch /
1 kleine Karotte / 4 EL Mayonnaise / Kräutersalz*

Ei und Schnittlauch fein hacken, Karotte fein reiben. Mit der
Mayonnaise unter den Kartoffelbrei rühren und mit Kräutersalz
abschmecken.

Die belegten Brote mit frischen Sprossen bestreuen.

# Aufstriche mit Getreide

# Gemüsemix

*150 g Weizen / 1 Knolle Fenchel / 250 g Champignons /
1 kleiner Blumenkohl / 1 Zwiebel / 3 EL Öl /
Kräutersalz / Pfeffer / zerriebener Sesam*

Den Weizen einige Stunden einweichen und in reichlich Wasser
eine halbe Stunde kochen. Abkühlen lassen. Die Gemüse hacken
und im Öl kurz andünsten. Ebenfalls abkühlen lassen. Getreide
und Gemüse im Mixer zu einer glatten Creme mixen. Mit
Kräutersalz, Pfeffer und Sesam abschmecken.

Hält sich im Kühlschrank 3 bis 4 Tage.

# Bulgur-Mix

*1 Tasse Bulgur / 200 g Kartoffeln / 100 g Zwiebeln /*
*100 g Pastinaken / 100 g Porree / 2 EL eingeweichte Algen /*
*2 EL Crème fraîche / 2-3 Knoblauchzehen /*
*Kräutersalz / Pfeffer*

Das Bulgur in der doppelten Menge Wasser etwa 10 Minuten kochen. In ein Sieb geben und abkühlen lassen. Die Zwiebel fein würfeln. Die Gemüse garen, abkühlen lassen und kleinschneiden. Die Algen fein hacken. Alle Zutaten vermischen und mit den Gewürzen abschmecken.

30 Minuten ziehen lassen und gegebenenfalls nachwürzen.

# Bulgur-Brokkoli-Pastete

*250 g Brokkoli / 200 g Linsen / 1 kleine Zwiebel / 2 EL Öl /*
*1 EL Sojasauce / 2 EL Zitronensaft /*
*200 g gekochtes Bulgur / 2 Eier*

Den Brokkoli putzen, in kleine Stückchen schneiden und in wenig Wasser 10 Minuten dämpfen. Die Linsen einige Stunden einweichen und ebenfalls 10 Minuten garen. Die Zwiebel fein würfeln und in heißem Öl andünsten. Brokkoli und Linsen mischen, pürieren und zu der Zwiebel geben. Mit Sojasauce und Zitronensaft kräftig abschmecken. Das Bulgur und die Eier untermischen. Die Masse in eine gefettete Form füllen und im vorgeheizten Backofen eine halbe Stunde bei 180 Grad backen.

Die Pastete abkühlen lassen und in Scheiben geschnitten als Brotbelag verwenden.

# Gerstenflockenaufstrich

*100 g Grünkohl / 100 g Tofu / 1 EL Öl / 1 EL Tahin /
100 g Gerstenflocken / Paprika / Kräutersalz*

Den Grünkohl fein hacken, in wenig Wasser garen und abtropfen lassen. Mit Tofu, Öl, Tahin und den Gerstenflocken zu einer geschmeidigen Paste rühren. Mit Paprikapulver und Kräutersalz kräftig abschmecken.

# Hirseaufstrich

*1/2 Tasse Hirse / 1 Tasse Wasser / 1 TL Gemüsebrühe /
1 Zwiebel / 100 g Champignons / Öl / 1 TL Majoran /
1 TL Thymian / 1/2 TL Kräutersalz / 75 g weiche Butter*

Die Hirse mit Wasser und Gemüsebrühe aufkochen und zugedeckt eine halbe Stunde quellen lassen. Die Zwiebel fein hacken, Champignons kleinschneiden und in etwas Öl glasig dünsten. Zusammen mit der gekochten Hirse, den Gewürzen und der weichen Butter im Mixer zu einer feinen Paste pürieren.

# Grünkernpaste

*50 g Grünkern / 1/8 l Wasser / 50 g weiche Butter / 2 EL Öl /*
*1 Zwiebel / etwas Zitronensaft / 1 MSP Senf / Muskatnuß /*
*Pfeffer / Kräutersalz / Majoran / frische Petersilie*

Den Grünkern grob schroten und 2 Stunden in dem Wasser
einweichen. Mit der weichen Butter und dem Öl im Mixer pürieren. Die Zwiebel fein hacken und unterrühren. Mit den Gewürzen
und kleingehackten Kräutern kräftig abschmecken.

# Buchweizen-Aufstrich

*75 g Buchweizen / 300 ml Wasser / 1 TL Gemüsebrühe /*
*1 Zwiebel / 1 rote Paprika / 100 g Butter / Kräutersalz /*
*Pfeffer / Paprika / frische Kräuter*

Den Buchweizen mit Wasser und Gemüsebrühe eine halbe
Stunde leicht köcheln lassen. Die Zwiebel fein hacken, die Paprikaschote würfeln. Den etwas abgekühlten Buchweizen mit
Zwiebel, Paprika und der weichen Butter im Mixer zu einer glatten Masse pürieren. Mit den Gewürzen kräftig abschmecken.

# Aufstriche mit Früchten

# Grundrezept

## "Rohe" Marmelade

*1 kg Früchte / 300 g Honig / 2 TL Agar Agar / Zitronensaft /*
*1 Tasse kochendes Wasser*

Besonders gut eignen sich dazu Erdbeeren, Himbeeren und Brombeeren. Die Früchte dürfen keine Schad- oder Faulstellen aufweisen. Das Obst gründlich verlesen, waschen und gut abtropfen lassen. Mit dem Honig in eine Schüssel geben und mit einem Rührgerät oder im Mixer gründlich durchmischen. Es ist wichtig, daß die Früchte dabei weitgehend zerkleinert und gut mit dem Honig vermischt werden. Nur so kann der Honig seine konservierende Kraft voll entfalten.

Damit die Marmelade die nötige Festigkeit bekommt, wird mit Agar Agar angedickt. Das Agar Agar mit etwas Zitronensaft anrühren, eine Tasse kochendes Wasser dazugeben und diese geleeartige Masse unter den Frucht-Honig-Brei rühren. Die Marmelade in gründlich gereinigte Gläser füllen, und die Oberfläche mit einem in Alkohol getränkten Blättchen Cellophanpapier abdecken. Einige Stunden nur mit Folie abgedeckt stehen lassen, damit die eingerührte Luft wieder entweichen kann. Danach die Gläser fest verschließen. Diese Marmelade hält sich etwa ein halbes Jahr. Öfter auf Schimmel kontrollieren.

# Grundrezept

## Gekochte Marmelade

*1 kg Obst / 300 g Honig, Ahornsirup oder Birnendicksaft /
3 TL Agar Agar / Saft einer halben Zitrone*

Die Früchte waschen und verlesen. Leicht zermusen und mit dem Süßmittel gemischt über Nacht stehen lassen.

Die Masse zum Kochen bringen und 5 Minuten wallend kochen lassen. Das Agar-Agar mit Zitronensaft anrühren und unter kräftigem Rühren in die Fruchtmasse einrühren. Vorsicht, dabei können leicht Klumpen entstehen!

Bei der Verarbeitung von stark pektinhaltigen Früchten wie Äpfeln und Johannisbeeren sollte man weniger oder eventuell auch gar kein Agar Agar nehmen.

Eine kleine Probe der Marmelade auf einer Untertasse abkühlen lassen. Damit kann man feststellen, ob die Konsistenz richtig ist. Sollte die Marmelade noch zu flüssig sein, noch etwas Agar Agar anrühren und dazugeben.

Die fertige Marmelade in die vorbereiteten Gläser einfüllen (heiß ausspülen oder im heißen Backofen sterilisieren). Die Marmelade leicht fest werden lassen, dann mit Alkohol getränkte Cellophanpapierblättchen darauflegen. Die noch heißen Gläser verschließen (Cellophan oder Twist-Off-Deckel), damit sich ein Vakuum bilden kann.

Diese Marmelade ist ein Jahr haltbar.

# Grundrezept

## Gelee

*1 l Saft / 1-2 TL Agar Agar / Zitronensaft*

Den Saft mit dem in etwas Zitronensaft angerührten Agar Agar mischen. Kurz aufkochen lassen. Einen Teelöffel der Flüssigkeit auf einer Untertasse abkühlen lassen, um die Konsistenz zu prüfen. Gegebenenfalls noch etwas Agar Agar zufügen. Das Gelee noch heiß in Gläser füllen.

Als Grundlage kann man entweder fertigen Saft nehmen, oder auch aus frischen Früchten Saft herstellen. Bei Beerenobst geht das durch einfaches Pressen, für "härtere" Früchte ist eine Saftzentrifuge, ein Dampfentsafter oder eine Kelter notwendig.

# Grundrezept

## Obstbutter

Obstbutter wird aus Fruchtfleisch und Birnen-, Apfel- oder Traubensaft hergestellt. Dazu wird das zerkleinerte Fruchtfleisch - roh oder gekocht - mit dem Saft so lange gekocht, bis die Masse dick und zähflüssig ist.

Obstbutter enthält mehr Kohlenhydrate als Fette. Zu ihrer Herstellung benötigt man keine weiteren konservierenden Süßmittel, Obstbutter ist aber auch nicht mit Marmelade zu vergleichen.

# Rohe Erdbeermarmelade

*500 g Erdbeeren / 150 g Honig / 1 TL Agar Agar /
1 EL Zitronensaft / 1 Tasse heißes Wasser*

Die Erdbeeren waschen, putzen und zerkleinern. Nur wirklich einwandfreie Früchte verwenden. Zusammen mit dem Honig in eine Rührschüssel geben und mit dem Handrührgerät etwa 10 Minuten kräftig vermischen. Das Agar Agar mit Zitronensaft anrühren, das heiße Wasser dazurühren. Die Flüssigkeit unter die Erdbeeren mischen, sobald sie zu gelieren beginnt. Gut verrühren.

Die rohe Marmelade in sorgfältig gesäuberte Gläser füllen. Kühl aufbewahrt ist sie etwa ein halbes Jahr haltbar.

# Pflaumenmarmelade

*500 g Pflaumen / 150 g Honig / 1/4 TL Koriander / 1/4 TL Zimt /*
*1 MSP Nelkenpulver / 1 MSP Ingwer / 1 MSP Kardamom*

Pflaumen entsteinen, halbieren, zusammen mit dem Honig in einen Topf geben und 40 Minuten bei schwacher Hitze kochen lassen. Öfter umrühren und nicht zudecken! Die Gewürze erst in den letzten Minuten zugeben und kurz mitkochen lassen.

Die Marmelade noch heiß in Gläser füllen. Gekühlt aufbewahrt hält sie sich etwa 1 Jahr.

# Birnenbutter

*2 kg Birnen / 250 g Tomaten / 2 l Apfel- oder Birnensaft /*
*1 TL Zimt / 1 Prise Muskatnuß*

Die Birnen schälen und das Kerngehäuse entfernen. Das Fruchtfleisch fein reiben. Die Tomaten in kleine Würfel schneiden. Alle Zutaten in einen Topf geben, und unter Rühren langsam einkochen lassen. Die Birnenbutter ist fertig, wenn eine honigähnliche Konsistenz erreicht ist.

Die Birnenbutter in einen Steinguttopf füllen und gut gekühlt aufbewahren.

# Apfelbutter

*2 kg Äpfel / 2 l Apfel- oder Birnensaft / 1 TL Zimt /*
*1 Prise Muskatnuß / 1 Prise Meersalz /*
*Schale einer unbehandelten Zitrone*

Die Äpfel ohne Kerngehäuse in etwas Wasser kochen. Den Saft und die übrigen Zutaten dazugeben und unter ständigem Rühren die Masse einkochen lassen. Die Apfelbutter ist fertig, wenn die Konsistenz honigähnlich geworden ist.

Die Apfelbutter in Steinguttöpfe füllen und abkühlen lassen, damit sich eine feste Schicht bildet. In Alkohol gelegte Blättchen aus Cellophanpapier auf die Oberfläche legen.

# Aprikosenaufstrich

*100 g Aprikosen / 50 g Sultaninen / 2 EL Mandeln /*
*100 ml Apfelsaft*

Die Aprikosen und Sultaninen über Nacht in Wasser einweichen. Mit dem Pürierstab oder im Mixer zerkleinern. Die Mandeln mahlen und dazugeben. Soviel Apfelsaft zugeben, daß eine glatte, streichfähige Creme entsteht.

Hält sich im Kühlschrank etwa 1 Woche.

# Rhabarber-Aufstrich

*250 g Rhabarber / 500 g Erdbeeren / 100 g Sucanat /
150 g Birnendicksaft / 2 TL Agar Agar /
Zitronensaft*

Den Rhabarber waschen, schälen und in kleine Stücke schneiden. Mit dem Sucanat bestreuen und einige Zeit ziehen lassen.

Die Erdbeeren waschen, putzen, zerkleinern und zusammen mit dem Rhabarber in einen Topf geben. Das Agar Agar mit Zitronensaft anrühren und dazugeben. Den Birnendicksaft hinzufügen und alles zum Kochen bringen. Gut 1 Minute durchkochen lassen. Noch heiß in die Gläser füllen und gut verschließen.

# Feigenmarmelade

*500 g Feigen / heißes Wasser / 1 TL Agar Agar /*
*Zitronensaft*

Die Feigen zerkleinern, in einen Topf geben, mit heißem Wasser bedecken und über Nacht stehen lassen. Am nächsten Tag die Feigen in einem offenen Topf so lange kochen, bis alle Flüssigkeit verdampft ist. Das Agar Agar mit Zitronensaft anrühren und dazugeben. Kurz mitkochen lassen.

Die Marmelade noch heiß in Gläser füllen und sofort fest verschließen.

# Hagebuttenmarmelade

*500 g Hagebutten / 350 g Honig*

Die Hagebutten waschen, halbieren, und die Kerne entfernen. Durch den Fleischwolf drehen oder im Mixer pürieren. Den Honig dazugeben und mindestens eine Viertelstunde gut durchrühren. Die Marmelade in Gläser füllen. Noch nicht gleich verschließen, damit die eingerührte Luft wieder entweichen kann!

# Heidelbeermarmelade

*500 g Heidelbeeren / 200 g Ahornsirup / 1 TL Agar Agar /*
*Saft einer halben Zitrone / 1/2 Vanilleschote*

Die Heidelbeeren waschen und verlesen. Leicht zermusen und mit dem Ahornsirup mischen. Die Vanilleschote mit einem Messer längs aufschlitzen und das Mark herauskratzen. Schote und Mark zu den Heidelbeeren geben.

Die Masse zum Kochen bringen und 5 Minuten wallend kochen lassen. Das Agar-Agar mit Zitronensaft anrühren und unter kräftigem Rühren in die Fruchtmasse einrühren.

Eine kleine Probe der Marmelade auf einer Untertasse abkühlen lassen, um festzustellen, ob die Konsistenz richtig ist. Sollte die Marmelade noch zu flüssig sein, noch etwas Agar Agar anrühren und dazugeben.

Die fertige Marmelade in die vorbereiteten Gläser einfüllen und noch heiß verschließen.

# Karotten-Marmelade

*500 g Johannisbeeren / 500 g Karotten / 300 g Honig /*
*2 TL Agar Agar / Saft einer halben Zitrone*

Die Johannisbeeren waschen und von den Stielen zupfen, die Karotten fein raspeln. Mit dem Honig mischen und über Nacht stehen lassen.

Die Masse zum Kochen bringen und 5 Minuten wallend kochen lassen. Das Agar Agar mit Zitronensaft anrühren und unter kräftigem Rühren in die Fruchtmasse einrühren.

Die Marmelade noch heiß in Gläser füllen.

# Dörrobst-Aufstrich

*200 g Dörrobst (Aprikosen, Pflaumen, Äpfel, Datteln etc.,
einzeln oder gemischt) / 100 g Rosinen / Wasser /
100 g Nüsse / 1 MSP Zimt / 1 MSP Nelkenpulver /
1 Prise Meersalz*

Das Dörrobst und die Rosinen mischen und mit Wasser bedeckt über Nacht einweichen. Überschüssige Flüssigkeit abgießen (schmeckt sehr lecker!). Das Obst durch den Fleischwolf drehen oder im Mixer gut zerkleinern. Die Nüsse fein mahlen und untermischen. Mit Zimt, Nelkenpulver und Meersalz abschmecken.

Aus Dörrobst lassen sich ganz unterschiedliche Aufstriche herstellen. Je nach Obstsorte oder -gemisch ergeben sich ganze eigene Geschmacksnuancen. Auch mit den Gewürzen lohnt es sich, herumzuexperimentieren. Ingwer, Kardamom und vor allem alle "weihnachtlichen" Gewürzzutaten passen gut dazu. Statt Nüssen aller Art schmecken auch Kokosflocken oder Sesamsaat gut dazu.

Im Kühlschrank aufbewahrt etwa eine Woche haltbar.

# Orangenmarmelade

*1 kg unbehandelte Orangen / 300 g Honig oder Ahornsirup /*
*3 TL Agar Agar / Saft einer Zitrone /*
*1 kleines Stück frische Ingwerwurzel*

Die Orangen heiß waschen und abbürsten. Die Schale möglichst so dünn abschälen, daß nichts Weißes an der Schale zurückbleibt. Die Schale in feine Streifen schneiden und mit dem Süßmittel in einen Topf geben. Die Orangen von der weißen Haut befreien. Das Fruchtfleisch in Stückchen schneiden und ebenfalls in den Topf geben. Die Masse zum Kochen bringen. Das Agar Agar mit Zitronensaft anrühren und unter kräftigem Rühren dazugeben. Die Ingwerwurzel schälen, fein reiben, und die Marmelade damit würzen.

Die Marmelade noch heiß in Gläser füllen und fest verschließen.

# Vogelbeermarmelade

*1 kg Vogelbeeren / 1/4 l Wasser / 300 g Honig / 2 TL Agar Agar /
Saft einer halben Zitrone*

Die Vogelbeeren von den Stielen zupfen, waschen und verlesen. Gut abtropfen lassen. Mit der Hälfte des Wassers im Mixer pürieren. Das restliche Wasser und den Honig dazugeben und alles zum Kochen bringen. Das Agar Agar mit Zitronensaft anrühren und kurz mitkochen lassen.

Die Marmelade noch heiß in Gläser füllen.

# Zitronen-Minze-Gelee

*3 Bund Pfefferminze / 300 g Honig / 5 Zitronen /*
*3/4 l Wasser / 2 TL Agar Agar*

Die Pfefferminze waschen, verlesen und kleinschneiden. Mit dem Honig mischen.

Die Zitronenschale dünn abschälen, so daß nichts Weißes mehr daran ist. Die Zitronen auspressen, den Zitronensaft zu dem Honig-Pfefferminz-Gemisch geben. Das Wasser zum Kochen bringen und darübergießen. Umrühren und einige Stunden durchziehen lassen.

Die Zitronenschale in sehr kleine Stückchen schneiden. Zusammen mit dem Gemisch zum Kochen bringen. Das Agar Agar in etwas Wasser auflösen und kurz mitkochen lassen.

Das Gelee noch heiß in Gläser füllen.

# Ingwer-Gelee

*1 l Apfelsaft / Saft einer Zitrone / 1 Zimtstange /
3 Nelken / etwa 1 cm einer Ingwerknolle /
300 g Ahornsirup / Agar Agar*

Den Apfelsaft mit der Zimtstange und den Nelken zum Kochen bringen. Den Ingwer schälen und sehr fein reiben. Zum Apfelsaft geben. Das Agar Agar mit dem Zitronensaft anrühren.

Den Topf vom Herd nehmen und Ahornsirup und Agar Agar einrühren. Nochmal kurz aufwallen lassen.

Auf einer kleinen Untertasse die Gelierprobe machen. Meist enthält der Apfelsaft so viel Pektin, daß die Zugabe eines weiteren Geliermittels überflüssig wird. Sollte die Konsistenz noch zu flüssig sein, etwas Agar Agar mit wenig Wasser anrühren und kurz mitkochen lassen.

Das Gelee noch heiß in Gläser füllen.

# Index

# Andere Bücher aus dem pala-verlag

U. Rabe: **Man nehme Keime**
12,80 DM, ISBN: 3-923176-57-0

U. Rabe: **Kochen mit Hafer**
12,80 DM, ISBN: 3-923176-81-3

W. Hertling: **Kochen mit Hirse**
12,80 DM, ISBN: 3-923176-50-3

P. Schwenk: **Buchweizen**
12,80 DM, ISBN: 3-923176-64-3

U.Rabe: **Dinkel und Grünkern**
12,80 DM, ISBN: 3-923176-72-4

J. Grimm: **Vegetarisch grillen**
12,80 DM, ISBN: 3-923176-80-5

A. Olesen: **Das Kohlkochbuch**
9,80 DM, ISBN: 3-923176-62-7

E. Szilinski: **Das Suppenbuch**
12,80 DM, ISBN: 3-923176-70-8

H. Walker: **Vollwertig kochen mit Pfiff - ohne tierisches Eiweiß**
19,80 DM, ISBN: 3-923176-74-0

H. Walker: **Vollwertig backen mit Pfiff - ohne tierisches Eiweiß**
19,80 DM, ISBN: 3-923176-79-1

B. Treichel: **Älter werden mit gesunder Ernährung**
19,80 DM, ISBN: 3-923176-96-1

Y. Aithal: **Vegetarisch kochen-indisch**
19,80 DM, ISBN: 3-923176-98-8

# Muß denn Naschen Sünde sein?

Jutta Grimm

## Vollwert-Naschereien

Süße und pikante Köstlichkeiten

Mit Cartoons
von Renate Alf

pala-verlag

J. Grimm: **Vollwert-Naschereien**
19,80 DM, ISBN: 3-923176-99-6

**pala-verlag • Postfach 11 11 22 • 64226 Darmstadt**